我
思

敢于运用你的理智

唯识学乃佛学中最精细、最系统的学说。"唯"乃"不离"之意，万法唯识即万法不离意识，其对意识结构及由意识所构造的世界之剖析，可以说是对宇宙和人生给出了最彻底且理性的解释。

唯识学在近现代中国的思想潮流中发挥了重要的作用。近现代的大学者大多重视唯识学，并借助其理论来构建自己的思想体系。如章太炎的得意之作《〈齐物论〉释》，以唯识学的义理来解《齐物论》；熊十力的代表作《新唯识论》，以批判唯识学来建立自己的新儒学。

唯识学与西方的科学、心理学和哲学等最易沟通。面对近代以来的西学大量传入，思想界高举唯识学的旗帜，正是因为唯识学思辨、理性、逻辑、系统的特征可与西学有效对话。而20世纪西方哲学中最有生命力的"现象学"，与唯识学更是达到了理论共鸣。

鉴于唯识学本身的理论透彻性、其在历史上的重大影响及在当代社会中的理论生命力，我们特策划此"唯识学丛书"，相关图书将陆续分批出版。

唯识基本论典合集

唯识学丛书

梅愚 选编

长江出版传媒 崇文书局

图书在版编目（CIP）数据

唯识基本论典合集 / 梅愚选编 . -- 武汉：崇文书局，2020.1（2023.2 重印）
（唯识学丛书）
ISBN 978-7-5403-5737-5

Ⅰ．①唯… Ⅱ．①梅… Ⅲ．①唯识论－文集 Ⅳ．① B946.3-53

中国版本图书馆 CIP 数据核字（2019）第 251118 号

我
思
敢于运用你的理智

唯识基本论典合集

出 版 人　韩　敏
出　　品　崇文书局人文学术编辑部·我思
策 划 人　梅文辉（mwh902@163.com）
责任编辑　梅文辉
装帧设计　甘淑媛
出版发行　长江出版传媒｜崇文书局
地　　址　武汉市雄楚大街 268 号 C 座 11 层
电　　话　(027)87680797　邮政编码　430070
印　　刷　湖北金港彩印有限公司
开　　本　880mm×1230mm　　1/32
印　　张　5.625
字　　数　126 千
版　　次　2020 年 1 月第 1 版
印　　次　2023 年 2 月第 2 次印刷
定　　价　70.00 元

（读者服务电话：027-87679738）

目　录

大乘五蕴论、广五蕴论合编

世亲菩萨、安慧菩萨 造
玄奘法师、地婆诃罗 译

  如薄伽梵略说五蕴：一者色蕴，二者受蕴，三者想蕴，四者行蕴，五者识蕴。

佛说五蕴，谓色蕴、受蕴、想蕴、行蕴、识蕴。

  云何色蕴？谓四大种及四大种所造诸色。

云何色蕴？谓四大种及四大种所造色。

  云何四大种？谓地界、水界、火界、风界。

云何四大种？谓地界、水界、火界、风界。

  云何地界？谓坚强性。云何水界？谓流湿性。云何火界？谓温燥性。云何风界？谓轻等动性。

此复云何？谓地坚性，水湿性，火暖性，风轻性。界者，能持自性所造色故。

云何四大种所造诸色？谓眼根、耳根、鼻根、舌根、身根，色、声、香、味、所触一分、无表色等。

云何四大所造色？谓眼根、耳根、鼻根、舌根、身根，色、声、香、味、及触一分、无表色等。

造者，因义。根者，最胜自在义、主义、增上义，是为根义。

所言主义，与谁为主？谓即眼根与眼识为主，生眼识故；如是乃至身根与身识为主，生身识故。

云何眼根？谓色为境，清净色。

云何眼根？谓以色为境，净色为性。谓于眼中一分净色，如净醍醐。此性有故，眼识得生，无即不生。

云何耳根？谓声为境，清净色。

云何耳根？谓以声为境，净色为性。谓于耳中，一分净色。此性有故，耳识得生，无即不生。

云何鼻根？谓香为境，清净色。

云何鼻根？谓以香为境，净色为性。谓于鼻中，一分净色。此性有故，鼻识得生，无即不生。

云何舌根？谓味为境，清净色。

云何舌根？谓以味为境，净色为性。谓于舌上，周遍净色。有说此于舌上，有少不遍，如一毛端。此性有故，舌识得生，无即不生。

云何身根？谓所触为境，清净色。

云何身根？谓以触为境，净色为性。谓于身中，周遍净色。此性有故，身识得生，无即不生。

云何为色？谓眼境界，显色、形色及表色等。

云何色？谓眼之境，显色、形色及表色等。显色有四种，谓青、黄、赤、白。形色谓长、短等。

云何为声？谓耳境界，执受大种因声、非执受大种因声、俱大种因声。

云何声？谓耳之境，执受大种因声、非执受大种因声、俱大种因声。诸心心法，是能执受；蠢动之类，是所执受。执受大种因声者，如手相击、语言等声。非执受大种因声者，如风林、驶水等声。俱大种因声者，如手击鼓等声。

云何为香？谓鼻境界，好香、恶香及所余香。

云何香？谓鼻之境，好香、恶香、平等香。好香者，谓与鼻合时，于蕴相续，有所顺益。恶香者，谓与鼻合时，于蕴相续，有所违损。平等香者，谓与鼻合时，无所损益。

云何为味？谓舌境界，甘味、酢味、咸味、辛味、苦味、淡味。

云何味？谓舌之境，甘、酢、咸、辛、苦、淡等。

云何名为所触一分？谓身境界，除四大种，余所造触。滑性、涩性、重性、轻性、冷、饥、渴等。

云何触一分？谓身之境，除大种。谓滑性、涩性、重性、轻性、冷、饥、渴等。滑谓细软，涩谓粗强。重谓可称，轻谓反是。暖欲为冷，触是冷因，此即于因立其果称。如说诸佛出世乐，演说正法乐，众僧和合乐，同修精进乐。精进勤苦虽是乐因，即说为乐，此亦如是。食欲为饥，饮欲为渴，说亦如是。已说七种造触，及前四大，十一种等。

云何名为无表色等？谓有表业及三摩地所
生色等，无见无对。

云何无表色等？谓有表业、三摩地所生无见无对色等。有表
业者，谓身语表，此通善、不善、无记性。所生色者，谓即从彼
善、不善表所生之色。此不可显示，故名无表。三摩地所生色者，谓
四静虑所生色等。

此无表色是所造性，名善律仪、不善律仪等，亦名业，亦名
种子。

如是诸色略为三种：一者可见有对，二者不可见有对，三者
不可见无对。是中可见有对者，谓显色等；不可见有对者，谓眼
根等；不可见无对者，谓无表色等。

云何受蕴？谓三领纳。一、苦，二、乐，三、
不苦不乐。乐谓灭时有和合欲，苦谓生时有乖离
欲，不苦不乐谓无二欲。

云何受蕴？受有三种，谓乐受、苦受、不苦不乐受。乐受者，谓
此灭时，有和合欲。苦受者，谓此生时，有乖离欲。不苦不乐受
者，谓无二欲。无二欲者，谓无和合及乖离欲。受，谓识之领纳。

云何想蕴？谓于境界取种种相。

云何想蕴？谓能增胜取诸境相。增胜取者，谓胜力能取。如
大力者，说名胜力。

云何行蕴？谓除受、想，诸余心法及心不相
应行。

云何名为诸余心法？谓彼诸法与心相应。

彼复云何？谓触、作意、受、想、思、欲、胜解、

念、三摩地、慧，信、惭、愧、无贪善根、无瞋善根、
无痴善根、精进、轻安、不放逸、舍、不害，贪、瞋、
慢、无明、见、疑，忿、恨、覆、恼、嫉、悭、诳、谄、
侨、害、无惭、无愧、惛沉、掉举、不信、懈怠、放逸、
失念、散乱、不正知，恶作、睡眠、寻、伺。是诸心
法，五是遍行，五是别境，十一是善，六是烦恼，余
是随烦恼，四是不决定。

云何行蕴？谓除受、想，诸余心法及心不相应行。

云何余心法？谓与心相应诸行。触、作意、思、欲、胜解、念、
三摩地、慧，信、惭、愧、无贪、无瞋、无痴、精进、轻安、不放逸、舍、
不害，贪、瞋、慢、无明、见、疑、无惭、无愧、昏沉、掉举、不信、懈
怠、放逸、失念、散乱、不正知，恶作、睡眠、寻、伺。

是诸心法，五是遍行，此遍一切善、不善、无记心，故名遍
行。五是别境，此五一一于差别境展转决定，性不相离，是中有
一，必有一切。十一为善，六为烦恼，余是随烦恼，四为不定。此
不定四，非正随烦恼，以通善及无记性故。

触等体性及业，应当解释。

云何为触？谓三和合，分别为性。

云何触？谓三和合，分别为性。三和，谓眼、色、识，如是
等。此诸和合心、心法生，故名为触。与受所依为业。

云何作意？谓能令心发悟为性。

云何作意？谓令心发悟为性。令心、心法现前警动，是忆念
义，任持攀缘心为业。

云何为思？谓于功德、过失及俱相违，令心

造作意业为性。

云何思？谓于功德、过失及以俱非，令心造作意业为性。此性若有，识攀缘用即现在前，犹如磁石引铁令动，能推善、不善、无记心为业。

云何为欲？谓于可爱事希望为性。

云何欲？谓于可爱乐事希望为性。爱乐事者，所谓可爱见闻等事。是愿乐希求之义，能与精进所依为业。

云何胜解？谓于决定事，即如所了，印可为性。

云何胜解？谓于决定境，如所了知，印可为性。

决定境者，谓于五蕴等，如世亲说，色如聚沫，受如水泡，想如阳焰，行如芭蕉，识如幻境，如是决定。

或如诸法所住自相，谓即如是而生决定。言决定者，即印持义。余无引转为业，此增胜故，余所不能引。

云何为念？谓于串习事令心不忘，明记为性。

云何念？谓于惯习事心不忘失，明记为性。惯习事者，谓曾所习行。与不散乱所依为业。

云何三摩地？谓于所观事令心一境，不散为性。

云何三摩地？谓于所观事心一境性。所观事者，谓五蕴等及无常、苦、空、无我等。心一境者，是专注义。与智所依为业。由心定故，如实了知。

云何为慧？谓即于彼择法为性，或如理所

引，或不如理所引，或俱非所引。

云何为慧？谓即于彼择法为性。或如理所引，或不如理所引，或俱非所引。即于彼者，谓所观事。择法者，谓于诸法自相共相由慧简择得决定故。

如理所引者，谓佛弟子。不如理所引者，谓诸外道。俱非所引者，谓余众生。

断疑为业。慧能简择，于诸法中得决定故。

云何为信？谓于业、果、诸谛宝中极正符顺，心净为性。

云何信？谓于业、果、诸谛宝等，深正符顺，心净为性。于业者，谓福、非福、不动业。于果者，谓须陀洹、斯陀含、阿那含、阿罗汉果。于谛者，谓苦集灭道谛。于宝者，谓佛法僧宝。于如是业果等，极相符顺，亦名清净及希求义。与欲所依为业。

云何为惭？谓自增上及法增上，于所作罪羞耻为性。

云何惭？谓自增上及法增上，于所作罪羞耻为性。罪谓过失，智者所厌患故。羞耻者，谓不作众罪。防息恶行所依为业。

云何为愧？谓世增上，于所作罪羞耻为性。

云何愧？谓他增上，于所作罪羞耻为性。他增上者，谓怖畏责罚及讥论等所有罪失羞耻于他，业如惭说。

云何无贪？谓贪对治，令深厌患，无着为性。

云何无贪？谓贪对治，令深厌患，无着为性。谓于诸有及有资具，染着为贪；彼之对治，说为无贪。此即于有及有资具无染着义。遍知生死诸过失故，名为厌患。恶行不起所依为业。

云何无瞋？谓瞋对治，以慈为性。

云何无瞋？谓瞋对治，以慈为性。谓于众生，不损害义。业如无贪说。

云何无痴？谓痴对治，以其如实正行为性。

云何无痴？谓痴对治，如实正行为性。如实者，略谓四圣谛，广谓十二缘起。于彼加行，是正知义。业亦如无贪说。

云何精进？谓懈怠对治，心于善品勇悍为性。

云何精进？谓懈怠对治，善品现前，勤勇为性，谓若被甲、若加行、若无怯弱、若不退转、若无喜足，是如此义，圆满成就善法为业。

云何轻安？谓粗重对治，身心调畅，堪能为性。

云何轻安？谓粗重对治，身心调畅，堪能为性。谓能弃舍十不善行，除障为业。由此力故，除一切障，转舍粗重。

云何不放逸？谓放逸对治，即是无贪乃至精进。依止此故，舍不善法及即修彼对治善法。

云何不放逸？谓放逸对治，依止无贪乃至精进，舍诸不善，修彼对治诸善法故。谓贪瞋痴及以懈怠，名为放逸。对治彼故，是不放逸。谓依无贪、无瞋、无痴、精进四法，对治不善法，修习善法故，世出世间正行所依为业。

云何为舍？谓即无贪乃至精进，依止此故，获得所有心平等性、心正直性、心无发悟性。又由此故，于已除遣染污法中无染安住。

云何舍？谓依如是无贪、无瞋，乃至精进，获得心平等性、心正直性、心无功用性；又复由此，离诸杂染法，安住清净法。谓依无贪、无瞋、无痴、精进性故，或时远离昏沉掉举诸过失故，初得心平等；或时任运无勉励故，次得心正直；或时远离诸杂染故，最后获得心无功用。业如不放逸说。

云何不害？谓害对治，以悲为性。

云何不害？谓害对治，以悲为性。谓由悲故不害群生，是无瞋分，不损恼为业。

云何为贪？谓于五取蕴，染爱耽着为性。

云何贪？谓于五取蕴，染爱耽着为性。谓此缠缚轮回三界，生苦为业。由爱力故，生五取蕴。

云何为瞋？谓于有情，乐作损害为性。

云何瞋？谓于群生，损害为性。住不安隐，及恶行所依为业。不安隐者，谓损害他，自住苦故。

云何为慢？所谓七慢：一、慢，二、过慢，三、慢过慢，四、我慢，五、增上慢，六、卑慢，七、邪慢。

云何慢？慢有七种。谓慢、过慢、过过慢、我慢、增上慢、卑慢、邪慢。

云何慢？谓于劣计己胜，或于等计己等，心高举为性。

云何慢？谓于劣计己胜，或于等计己等，如是心高举为性。

云何过慢？谓于等计己胜，或于胜计己等，心高举为性。

云何过慢？谓于等计己胜，或于胜计己等，如是心高举为性。

云何慢过慢？谓于胜计己胜，心高举为性。

云何过过慢？谓于胜计己胜，如是心高举为性。

云何我慢？谓于五取蕴，随观为我，或为我所，心高举为性。

云何我慢？谓于五取蕴，随计为我，或为我所，如是心高举为性。

云何增上慢？谓于未得增上殊胜所证法中，谓我已得，心高举为性。

云何增上慢？谓未得增上殊胜所证之法，谓我已得，如是心高举为性。增上殊胜所证法者，谓诸圣果及三摩地、三摩钵底等，于彼未得，谓我已得，而自矜倨。

云何卑慢？谓于多分殊胜，计己少分下劣，心高举为性。

云何卑慢？谓于多分殊胜，计己少分下劣，如是心高举为性。

云何邪慢？谓实无德，计己有德，心高举为性。

云何邪慢？谓实无德，计己有德，如是心高举为性。
不生敬重所依为业，谓于尊者及有德者，而起倨傲，不生崇重。

云何无明？谓于业果及谛、宝中无智为性。此复二种，所谓俱生、分别所起。

云何无明？谓于业果、谛、宝无智为性。此有二种：一者俱生，二者分别。

又欲缠贪、瞋，及欲缠无明，名三不善根。谓
贪不善根，瞋不善根，痴不善根。

又欲界贪、瞋及以无明，为三不善根。谓贪不善
根，瞋不善根，痴不善根。此复俱生、不俱生、分别所起。俱生者，谓禽兽
等；不俱生者，谓贪相应等；分别者，谓诸见相应。与虚妄决定、
疑烦恼所依为业。

云何为见？所谓五见。一、萨迦耶见，二、边
执见，三、邪见，四、见取，五、戒禁取。

云何见？见有五种。谓萨迦耶见、边执见、邪见、见取、戒
禁取。

云何萨迦耶见？谓于五取蕴，随观为我，或
为我所，染污慧为性。

云何萨迦耶见？谓于五取蕴，随执为我，或为我所，染慧为
性。萨谓败坏义。迦耶谓和合积聚义。即于此中，见一见常，异
蕴有我，蕴为我所等。何故复如是说？谓萨者破常想，迦耶破一
想，无常积集，是中无我及我所故。染慧者，谓烦恼俱。一切见
品所依为业。

云何边执见？谓即由彼增上力故，随观为
常，或复为断，染污慧为性。

云何边执见？谓萨迦耶见增上力故，即于所取，或执为常，或
执为断，染慧为性。常边者，谓执我自在，为遍常等。断边者，谓
执有作者丈夫等，彼死已不复生，如瓶既破更无盛用。障中道出
离为业。

云何邪见？谓或谤因，或复谤果，或谤作

用，或坏善事，染污慧为性。

云何邪见？谓谤因果，或谤作用，或坏善事，染慧为性。

谤因者，因谓业、烦恼性，合有五支。烦恼有三种，谓无明、爱、取。业有二种，谓行及有。有者，谓依阿赖耶识诸业种子，此亦名业。如世尊说：阿难，若业能与未来果，彼亦名有。如是等，此谤名为谤因。

谤果者，果有七支，谓识名色六处触受生老死，此谤为谤果。或复谤无善行恶行，名为谤因；谤无善行恶行果报，名为谤果。

谤无此世他世、无父无母、无化生众生，此谤为谤作用。谓从此世往他世作用、种子任持作用、结生相续作用等。谤无世间阿罗汉等，为坏善事。

断善根为业，不善根坚固所依为业，又生不善、不生善为业。

云何见取？谓即于三见，及彼所依诸蕴，随观为最为上为胜为极，染污慧为性。

云何见取？谓于三见及所依蕴，随计为最、为上、为胜、为极，染慧为性。三见者，谓萨迦耶、边执、邪见。所依蕴者，即彼诸见所依之蕴。业如邪见说。

云何戒禁取？谓于戒禁，及彼所依诸蕴，随观为清净为解脱为出离，染污慧为性。

云何戒禁取？谓于戒禁及所依蕴，随计为清净、为解脱、为出离，染慧为性。戒者，谓以恶见为先，离七种恶。禁者，谓牛、狗等禁及自拔发、执三支杖、僧佉定慧等。此非解脱之因。又计大自在，或计世主，及入水火等。此非生天之因。如是等彼计为因。所依蕴者，谓即戒禁所依之蕴。清净者，谓即说此无间方便以为清净。解脱者，谓即以此解脱烦恼。出离者，谓即以此出离生死。

是如此义，能与无果唐劳疲苦所依为业。无果唐劳者，谓此不能获出苦义。

云何为疑？谓于谛等犹豫为性。

云何疑？谓于谛、宝等为有为无，犹豫为性。不生善法所依为业。

诸烦恼中，后三见及疑唯分别起，余通俱生及分别起。

诸烦恼中，后三见及疑唯分别起，余通俱生及分别起。

云何为忿？谓遇现前不饶益事，心损恼为性。

云何忿？谓依现前不饶益事，心愤为性。能与暴恶、执持鞭杖所依为业。

云何为恨？谓结怨不舍为性。

云何恨？谓忿为先，结怨不舍为性。能与不忍所依为业。

云何为覆？谓于自罪覆藏为性。

云何覆？谓于过失隐藏为性。谓藏隐罪故，他正教诲时，不能发露，是痴之分，能与追悔不安隐住所依为业。

云何为恼？谓发暴恶言，尤蛆为性。

云何恼？谓发暴恶言，陵犯为性。忿恨为先，心起损害。暴恶言者，谓切害粗犷。能与忧苦不安隐住所依为业，又能发生非福为业，起恶名称为业。

云何为嫉？谓于他盛事心妒为性。

云何嫉？谓于他盛事，心妒为性。为名利故，于他盛事不堪忍耐，妒忌心生。自住忧苦所依为业。

云何为悭？谓施相违心恡为性。

云何悭？谓施相违，心恡为性。谓于财等，生恡惜故，不能惠施，如是为悭。心遍执着利养众具，是贪之分。与无厌足，所依为业。无厌足者，由悭恡故，非所用物，犹恒积聚。

云何为诳？谓为诳他诈现不实事为性。

云何诳？谓矫妄于他，诈现不实功德为性，是贪之分。能与邪命所依为业。

云何为谄？谓覆藏自过方便所摄，心曲为性。

云何谄？谓矫设方便，隐己过恶，心曲为性。谓于名利，有所计着，是贪痴分。障正教诲为业。复由有罪，不自如实发露归忏，不任教授。

云何为憍？谓于自盛事，染着倨傲心恃为性。

云何憍？谓于盛事，染着倨傲，能尽为性。盛事者，谓有漏盛事。染着倨傲者，谓于染爱，悦豫矜恃，是贪之分。能尽者，谓此能尽诸善根故。

云何为害？谓于诸有情损恼为性。

云何害？谓于众生损恼为性，是瞋之分。损恼者，谓加鞭杖等，即此所依为业。

云何无惭？谓于所作罪不自羞耻为性。

云何无惭？谓所作罪不自羞耻为性。一切烦恼及随烦恼助伴为业。

云何无愧？谓于所作罪不羞耻他为性。

云何无愧？谓所作罪不羞他为性。业如无惭说。

云何惛沉？谓心不调畅，无所堪能，蒙昧为性。

云何昏沉？谓心不调畅，无所堪任，蒙昧为性，是痴之分，与一切烦恼及随烦恼所依为业。

云何掉举？谓心不寂静为性。

云何掉举？谓随忆念喜乐等事，心不寂静为性。应知忆念先所游戏欢笑等事，心不寂静，是贪之分，障奢摩他为业。

云何不信？谓信所对治，于业果等不正信顺，心不清净为性。

云何不信？谓信所治，于业果等不正信顺，心不清净为性。能与懈怠所依为业。

云何懈怠？谓精进所治，于诸善品心不勇猛为性。

云何懈怠？谓精进所治，于诸善品心不勇进为性。能障勤修众善为业。

云何放逸？谓即由贪、瞋、痴、懈怠故，于诸烦恼心不防护，于诸善品不能修习为性。

云何放逸？谓依贪、瞋、痴、懈怠故，于诸烦恼心不防护，于诸善品不能修习为性。不善增长，善法退失所依为业。

云何失念？谓染污念，于诸善法不能明记为性。

云何失念？谓染污念，于诸善法不能明记为性。染污念者，谓烦恼俱。于善不明记者，谓于正教授不能忆持义。能与散乱所依为业。

云何散乱？谓贪、瞋、痴分，心流荡为性。

云何散乱？谓贪、瞋、痴分，令心心法流散为性。能障离欲为业。

云何不正知？谓于身语意现前行中不正依住为性。

云何不正知？谓烦恼相应慧，能起不正身语意行为性。违犯律行所依为业。谓于去来等不正观察故，而不能知应作不应作，致犯律仪。

云何恶作？谓心变悔为性。

云何恶作？谓心变悔为性。谓恶所作故名恶作，此恶作体非即变悔，由先恶所作，后起追悔故，此即以果从因为目，故名恶作。譬如六触处说为先业。此有二位，谓善、不善。于二位中，复各有二。若善位中，先不作善，后起悔心，彼因是善，悔亦是善。若先作恶，后起悔心，彼因不善，悔即是善。若不善位，先不作恶，后起悔心，彼因不善，悔亦不善。若先作善，后起悔心，彼因是善，悔是不善。

云何睡眠？谓不自在转，心极昧略为性。

云何睡眠？谓不自在转，昧略为性。不自在者，谓令心等不自在转，是痴之分。又此自性不自在故，令心心法极成昧略。此善、不善及无记性，能与过失所依为业。

云何为寻？谓能寻求意言分别，思慧差

别，令心粗为性。

云何寻？谓思慧差别，意言寻求，令心粗相分别为性。意言者，谓是意识，是中或依思或依慧而起。分别粗相者，谓寻求瓶衣车乘等之粗相。乐触、苦触等所依为业。

云何为伺？谓能伺察意言分别，思慧差别，令心细为性。

云何伺？谓思慧差别，意言伺察，令心细相分别为性。细相者，谓于瓶衣等，分别细相成、不成等差别之义。

云何心不相应行？谓依色、心、心法分位，但假建立，不可施设决定异性及不异性。彼复云何？谓得、无想等至、灭尽等至、无想所有、命根、众同分、生、老、住、无常、名身、句身、文身、异生性，如是等类。

云何心不相应行？谓依色、心等分位假立，谓此与彼不可施设异、不异性。此复云何？谓得、无想定、灭尽定、无想天、命根、众同分、生、老、住、无常、名身、句身、文身、异生性，如是等。

云何为得？谓若获，若成就。此复三种，谓若种子、若自在、若现前，如其所应。

云何得？谓若获，若成就。此复三种，谓种子成就、自在成就、现起成就。如其所应。

云何无想等至？谓已离遍净贪，未离上贪，由出离想作意为先，不恒现行心心法灭为性。

云何无想定？谓离遍净染，未离上染，以出离想作意为先，所有不恒行心心法灭为性。

云何灭尽等至？谓已离无所有处贪，从第一有更求胜进，由止息想作意为先，不恒现行及恒行一分心心法灭为性。

云何灭尽定？谓已离无所有处染，从第一有更起胜进，暂止息想作意为先，所有不恒行及恒行一分心心法灭为性。不恒行，谓六转识。恒行，谓摄藏识及染污意。是中六转识品及染污意灭，是灭尽定。

云何无想所有？谓无想等至果，无想有情天中生已，不恒现行心心法灭为性。

云何无想天？谓无想定所得之果，生彼天已，所有不恒行心心法灭为性。

云何命根？谓于众同分中，先业所引住时决定为性。

云何命根？谓于众同分，先业所引住时分限为性。

云何众同分？谓诸有情自类相似为性。

云何众同分？谓诸群生各各自类相似为性。

云何为生？谓于众同分中，诸行本无今有为性。

云何生？谓于众同分所有诸行，本无今有为性。

云何为老？谓即如是诸行相续，变异为性。

云何老？谓彼诸行相续，变坏为性。

云何为住？谓即如是诸行相续，随转为性。

云何住？谓彼诸行相续，随转为性。

云何无常？谓即如是诸行相续，谢灭为性。

云何无常？谓彼诸行相续，谢灭为性。

　云何名身？谓诸法自性，增语为性。

云何名身？谓于诸法自性增语为性，如说眼等。

　云何句身？谓诸法差别，增语为性。

云何句身？谓于诸法差别，增语为性，如说诸行无常等。

　云何文身？谓诸字为性，以能表彰前二种
故。亦名为显，由与名句为所依止，显了义故。亦
名为字，非差别门所变易故。

云何文身？谓即诸字，此能表了前二性故。亦名显，谓名句
所依，显了义故。亦名字，谓无异转故。前二性者，谓诠自性及
以差别。显谓显了。

　云何异生性？谓于诸圣法不得为性。如是等
类已说行蕴。

云何异生性？谓于圣法不得为性。

　云何识蕴？谓于所缘境了别为性。亦名心、
意，由采集故，意所摄故。

云何识蕴？谓于所缘了别为性。亦名心，能采集故。亦名
意，意所摄故。

　最胜心者，谓阿赖耶识。何以故？由此识中
诸行种子皆采集故。又此行缘不可分别，前后一
类相续随转。又由此故，从灭尽等至、无想等至、
无想所有起者，了别境名转识还生。待所缘缘差
别转故，数数间断还复转故，又令生死流转旋

还故。

若最胜心，即阿赖耶识，此能采集诸行种子故。又此行相不可分别，前后一类相续转故。又由此识从灭尽定、无想定、无想天起者，了别境界转识复生，待所缘缘差别转故，数数间断还复生起，又令生死流转回还故。

阿赖耶识者，谓能摄藏一切种子故。又能摄藏我慢相故。又复缘身为境界故，即此亦名阿陀那识，能执持身故。

阿赖耶识者，谓能摄藏一切种子，又能摄藏我慢相故，又复缘身为境界故。又此亦名阿陀那识，执持身故。

最胜意者，谓缘阿赖耶识为境，恒与我痴、我见、我慢及我爱等相应之识。前后一类相续随转，除阿罗汉果及与圣道灭尽等至现在前位。

最胜意者，谓缘藏识为境之识，恒与我痴、我见、我慢、我爱相应，前后一类相续随转，除阿罗汉圣道、灭定现在前位。

如是六转识及染污意、阿赖耶识，此八名识蕴。

问：以何义故说名为蕴？

答：以积聚义说名为蕴。谓世相续、品类、趣、处差别色等总略摄故。

问：蕴为何义？

答：积聚是蕴义。谓世间、相续、品类、趣、处差别色等总略摄故。如世尊说：比丘，所有色，若过去、若未来、若现在、若内、若外、若粗、若细、若胜、若劣、若近、若远，如是总摄为一色蕴。

复有十二处，谓眼处、色处、耳处、声处、鼻

处、香处、舌处、味处、身处、触处、意处、法处。眼
等五处及色声香味处，如前已释。言触处者，谓
四大种及前所说所触一分。言意处者，即是识
蕴。言法处者，谓受、想、行蕴，无表色等，及与
无为。

复有十二处，谓眼处、色处、耳处、声处、鼻处、香处、舌处、
味处、身处、触处、意处、法处。眼等五处及色声香味处，如前已
释。触处，谓诸大种及一分触。意处，即是识蕴。法处，谓受、
想、行蕴，无表色等，及诸无为。

云何无为？谓虚空无为、非择灭无为、择灭
无为及真如等。

云何无为？谓虚空无为、非择灭无为、择灭无为及真如等。

云何虚空？谓若容受诸色。

虚空者，谓容受诸色。

云何非择灭？谓若灭，非离系。此复云
何？谓离烦恼对治，而诸蕴毕竟不生。

非择灭者，谓若灭，非离系。云何非离系？谓离烦恼对治，诸
蕴毕竟不生。

云何择灭？谓若灭，是离系。此复云何？谓
由烦恼对治故，诸蕴毕竟不生。

云何择灭？谓若灭，是离系。云何离系？谓烦恼对治，诸蕴
毕竟不生。

云何真如？谓诸法法性，法无我性。

云何真如？谓诸法法性，法无我性。

问：以何义故名为处耶？

答：诸识生长门义，是处义。

问：处为何义？

答：诸识生长门是处义。

复有十八界，谓眼界、色界、眼识界、耳界、声界、耳识界、鼻界、香界、鼻识界、舌界、味界、舌识界、身界、触界、身识界、意界、法界、意识界。

复有十八界，谓眼界、色界、眼识界、耳界、声界、耳识界、鼻界、香界、鼻识界、舌界、味界、舌识界、身界、触界、身识界、意界、法界、意识界。

眼等诸界及色等诸界，如处中说。六识界者，谓依眼等根，缘色等境，了别为性。言意界者，谓即彼识无间灭等。为欲显示第六意识及广建立十八界故。

眼等诸界及色等诸界，如处中说。六识界者，谓依眼等根，缘色等境，了别为性。意界者，即彼无间灭等。为显第六识依止及广建立十八界故。

如是色蕴，即十处、十界，及法处、法界一分。识蕴，即意处及七心界。余三蕴及色蕴一分，并诸无为，即法处、法界。

如是色蕴，即十处、十界，及法处、法界一分。识蕴，即意处及七心界。余三蕴及色蕴一分，并诸无为，即法处、法界。

问：以何义故说名为界？

答：以能任持无作用性自相义故，说名为界。

问：界为何义？

答：任持无作用性自相是界义。

问：以何义故宣说蕴等？

答：为欲对治三种我执，如其次第。三种我执者，谓一性我执、受者我执、作者我执。

问：以何义故说蕴、界、处等？

答：对治三种我执故。所谓一性我执、受者我执、作者我执，如其次第。

复次，此十八界几有色？谓十界一少分，即色蕴自性。几无色？谓所余界。

复次，此十八界几有色？谓十界一少分，即色蕴自性。几无色？谓所余界。

几有见？谓一色界。几无见？谓所余界。

几有见？谓一色界。几无见？谓所余界。

几有对？谓十有色界，若彼于是处有所障碍，是有对义。几无对？谓所余界。

几有对？谓十有色界，若彼于此有所碍故。几无对？谓所余界。

几有漏？谓十五界及后三少分，由于是处烦恼起故，现所行处故。几无漏？谓后三少分。

几有漏？谓十五界及后三少分，谓于是处烦恼起故，现所行处故。几无漏？谓后三少分。

几欲界系？谓一切。几色界系？谓十四，除

香味鼻舌识。几无色界系？谓后三。几不系？谓
即彼无漏界。

几欲界系？谓一切。几色界系？谓十四，除香味及鼻舌识。几
无色界系？谓后三。几不系？谓即彼无漏。

几蕴所摄？谓除无为。几取蕴所摄？谓
有漏。

几蕴所摄？谓除无为。几取蕴所摄？谓有漏。

几善？几不善？几无记？谓十通三种，七心
界及色、声、法界，八无记。

几善？几不善？几无记？谓十通三性，七心界、色、声及法
界一分，八无记性。

几是内？谓十二，除色、声、香、味、触及法
界。几是外？谓六，即所除。

几是内？谓十二，除色、声、香、味、触及法界。几是外？谓
所余六。

几有缘？谓七心界及法界少分心所有法。几
无缘？谓余十及法界少分。

几有缘？谓七心界及法界少分心所法性。几无缘？谓余十及
法界少分。

几有分别？谓意界、意识界、法界少分。

几有分别？谓意识界、意界及法界少分。

几执受？谓五内界，及四界少分，谓色、香、
味、触。几非执受？谓余九，四少分。

几有执受？谓五内界，及四界少分，谓色、香、味、触。几非

执受？谓余九，及四少分。

几同分？谓五内有色界，由与自识等境界故。几彼同分？谓即彼自识空时，与自类等故。

几同分？谓五内有色界，与彼。自识等境界故。几彼同分？谓即彼自识空时，与自类等故。

大乘百法明门论本地分中略录名数解

世亲菩萨　造论

窥基法师　解

大者，简小为义。乘者，运载得名。百，数也。法，谓世出世之法故。心法八，心所五十有一，色乃十一，不相应二十有四，无为法六。故为大乘百法也。明乃菩萨无漏之慧，以能破暗故。门以开通无壅滞为言。论乃简择性相教诫学徒之称。

本地分中者，乃《瑜伽论》五分之一。略录名教者，于六百六十法中，提纲挈领，取此百法名件数目。此论主急于为人而欲学者知要也。

又会六释云：大乘者，是能诠教，唯声、名、句、文四法，故劣。百法乃所诠事理，通一百法，故胜。将胜就劣，以劣显胜，云大乘之百法。依士释也。

又百法是所缘，乃举全数，故胜。明是能缘之慧，即别境五中之一法耳，故劣。将劣就胜，以胜显劣，云百法之明，依主释也。

又明是能缘，即别境中慧，故劣。门是所缘，通举百法，故胜。将胜就劣，以劣显胜，云明之门，依士释也。

又门是所诠事理，乃通指百法，故胜。论是能诠，教唯声、名、句、文，故劣。将劣就胜，以胜显劣，云门之论，依主释也。

又论为体，乃声、名、句、文，门为用，于论上有不壅滞之功能，以体就用，摄用归体，云门即论，持业释也。

又论乃体，则取声、名、句、文四法。大乘为用。此论体上有简小、运载二义，故云大乘。以体就用，摄用归体，云大乘即论，持业释也。

又大乘通教、理、行、果，是所诠，故胜。论是能诠唯教，故劣。将劣就胜，以胜显劣，云大乘之论，依主释也。

又大等六字，是所诠，故胜。论是能诠唯教，故劣。将劣就胜，以胜显劣，云大乘百法明门之论，依主释也。

又大乘等五字，通一百法，属所诠，故胜。门论二字，乃能诠，故劣。将劣就胜，以胜显劣，云大乘百法明之门论，依主释也。

又大乘是能诠教体，门论是用。此教体上有妙旨悟入之义门，抉择性相，教诫学徒，断恶生善之功用，故名论。将体就用，摄用归体，云大乘即门论，持业释也。

天亲菩萨者，北天竺富娄沙富罗，此云丈夫国，有国师婆罗门姓矫尸迦，生三子，同名婆薮盘豆，此云天亲。乃帝释之弟毗搜纽天王之后。虽同一名，复有别号，长曰阿僧迦，此云无著，乃菩萨根性。季子别名比邻持跋婆，此云母儿，盖比邻持此云母。跋婆云子，亦云儿。中子博学多闻，遍通坟籍，神才儁朗，戒行清白，无与俦匹。兄弟皆兼别号故，法师但名婆薮盘豆，不相滥也。依《瑜伽论》广造诸论以释大乘，发挥非空非有中道之教。

如世尊言：一切法无我。

如世尊言，原为佛说。乃论主推尊法有所自。一切法等者，总标百法及二无我，以为宗旨，乃一论之纲领也。若究所宗，总一代圣教浅深为次分而为八：

一、我法俱有宗，此宗摄二十部、五部之义，谓犊子部、法上部、贤胄部、正量部、密林山部，或亦取经部，根本一分之义。

二、法有我无宗，摄三部全，谓一切有部、雪山部、多闻部，更兼化地部，末计一分之义。

三、法无去来宗，摄七全部，谓大众部、鸡胤部、制多山部、西山住部、北山住部、法藏部、饮光部，兼取化地部，根本一分之义。

四、现通假实宗，摄说假部全，末经部一分之义。此上四宗唯为小乘。

五、俗妄真实宗，即说出世部。

六、诸法但名宗，即一说部。此二通于大小乘。

七、胜义俱空宗。

八、应理圆实宗。后二唯大。

此论旨趣，即第八宗，于深密三时，乃第三时也。言三时者，初四《阿含》言有，第二时八部《般若》言空，第三时即《解深密经》空有双彰，中道教也。

何等一切法？云何为无我。

问有五种，谓利乐有情问、不解问、愚痴问、试验问、轻触问，此即利乐有情问也。

一切法者，略有五种：

此总标诸法也。称理言之实有无量，以众生性欲无量，是以《瑜伽》始五识身历至法界六百六十等法。今言五位百法，岂非要略乎？故云略有五种。自此至真如无为，总答初问。

一者，心法。二者，心所有法。三者，色法。四者，心不相应行法。五者，无为法。

心法者，总有六义：一、集起名心，唯属第八，集诸种子起现行故。二、积集名心，属前七转识，能熏积集诸法种故；或集起属前七转现行共集熏起种故；或积集名心，属于第八含藏积集诸法种故。三、缘虑名心，俱能缘虑自分境故。四、或名为识，了别义故。五、或名为意，等无间故。六、或第八名心，第七名意，前六名识，斯皆心分也。

言心所有法者，具三义故：一、恒依心起，二、与心相应，三、系属于心，具此三义名为心所。要心为依方得起故。触等恒与心相应故。既云与心相应，盖心不与心自相应故。心非心所故。他性相应，非自性故。相应之义有四：谓时依所缘及事皆同乃相应也。触等看与何心生时，便属彼心之触等故，如次为三义也。

色法者，识之所依所缘，乃五根、五境质碍之色，亦名有对色。以能所造八法而成，乃十有色也。无对色即法处色也。

言不相应行法者，行蕴有二：一、相应行，即心所法；二、不相应行，即始自得终至不和合性，二十四法是也。

言无为法者，即不生、不灭、无去、无来、非彼、非此，绝得绝失，简异有为无造作故，名曰无为也。

一切最胜故，与此相应故，二所现影故，三位差别故，四所显示故。

言初心法八种，造善造恶，五趣轮转，乃至成佛，皆此心也。有为法中，此最胜故，所以先言。

言与此相应故者，谓此心所与其心王常相应故。望于心王此即为劣，先胜后劣，所以次明。

所现影故者，即前色法。谓此色法不能自起，要藉前二所变现故。自证虽变不能亲缘故置影言，简其见分亦自证变则非是影，或与自证通为本质故，或简受所引色非识变影，第六缘时以彼为质，质从影摄。前二能变，此为所变，先能后所，故次言之。

分位差别者，谓此不相应行不能自起，藉前三位差别假立。前三是实，此一为假，所以第四明之。

言所显示者，此第五无为之法，乃有六种。谓此无为体性甚深，若不约事以明无由彰显，故藉前四断染成净之所显示，前四有为，此即无为，先有后无，所以最后明也。

如是次第，此结答也。由上如是胜劣、能所、实假、有无，故云如是次第。此略结上文，总标五位章门，下乃备列百法名数也。

第一，心法，略有八种：

此总标，下别列。

一、眼识。二、耳识。三、鼻识。四、舌识。五、身识。六、意识。

随根立名，具五义故：谓依发属助，如除根发之识。余四皆依根之识等依主也，根发依士也。虽六识身皆依意转，此随不共意识名依发等，故五识无相滥矣。盖兼未自在位言之耳，或唯依意故名意识，辨识得名，心意非例。

七、末那识。

华言意识，如藏识名识即意故。第六意识，如眼识名识，异意故。然诸圣教恐此滥彼，故于第七，但立意名。又以简心之与识，以积集了别劣余识故。或欲显此与彼意识为近所依，故但立意名耳。

八、阿赖耶识。

华言藏识，能含藏诸种故。又具三藏义故。谓能藏、所藏、执藏也。与杂染互为缘故。有情执为自内我故。由斯三义而得藏名，藏即识也。

第二，心所有法，略有五十一种，分为六位：一、遍行有五。二、别境有五。三、善有十一。四、烦恼有六。五、随烦恼有二十。六、不定有四。

此举总数以标列章门，下乃随章列名。

言遍行者，遍四一切心得行故。谓三性、八识、九地、一切时，俱能遍故。

言别境者，别别缘境而得生故。所缘之境则有四，乃所乐之境、决定境、曾习境、所观境，各缘不同故云别境。解现下文。

言善十一者，唯善心中可得生故。此世、他世俱顺益故，性离愆秽胜过恶故。

言烦恼者，性是根本烦恼摄故，又能生随惑，名为根本。烦忧也，恼乱也，扰乱有情，恒处生死也。

言随烦恼者，随他根本烦恼分位差别等流性故，此亦见下文。

言不定者，由不同前五位心所，于善染等皆不定故。非如触等定遍心故，非如欲等定遍地故，不立定名也。

一、遍行五者：

此别标，下列名。

一、作意。二、触。三、受。四、想。五、思。

言作意者，谓警觉应起心种为性，引心令趣自境为业。

触者，令心心所触境为性，受、想、思等所依为业。

受者，领纳顺达俱非境相为性，起欲为业。能起合离非二欲故，亦云令心等起欢凄舍相。

想，谓于境取像为性，施设种种名言为业。谓安立自境分齐故，方能随起种种名言。

思，谓令心造作为性，于善品等役心为业。谓能取境正因等相，驱役自心令造善等。

二、别境五者：

此别标，下列名。

一、欲。二、胜解。三、念。四、三摩地。五、慧。

言欲者，于所乐境希望为性，勤依为业。

胜解者，于决定境印持为性，不可引转为业。谓邪正等教理证力于所取境，审决印持由此异缘不能引转故，若犹豫境，胜解全无，胜即是解。

念者，于曾习境令心明记不忘为性，定依为业。谓数忆持曾所受境令不忘失能引定故。

三摩地者，此云等持。于所观境令心专注不散为性，智依为业。谓观得失俱非境中由定令心专注不散，依斯便有抉择智生。心专注言显，所欲住，即便能住，非唯一境。不尔见道历观诸谛，前后境别应无等持也。

言慧者，于所观境拣择为性，断疑为业。谓观得失俱非境中，由慧推求得决定故。上言解现，下文者，义在此耳。

三、善十一者：

此标章，下列名。

一、信。二、精进。三、惭。四、愧，五、无贪。六、无嗔。七、无痴。八、轻安。九、不放逸。十、行舍。十一、不害。

言信者，于实德能深忍乐欲心净为性，对治不信乐善为业，谓于诸法实事理中深信忍故，于三宝真净德中深信乐故，于一切世出世善深信有力能得能成起希望故，此三种信也。言心净为性者，谓此性澄清能净心等，如水清珠，能清浊水，故云心净为性也。

言精进者，于善恶品修断事中勇捍为性，对治懈怠满善为业。谓善品修恶品断，勇表胜进简诸染法，捍表精纯简净无记。又云勇而无怯，捍而无惧。言满善者，圆了善事名为满善故，三根为作善，此名满善能满彼故。或曰《唯识论》言精进一法在三根后，百法则信后即言，何耶？曰：《唯识》乃立依次第，此乃因依次第，盖信为欲依，欲为勤依，故此信后而便言勤，勤即精进也。但勤通三性，精进唯善性摄也。立依者，谓根依精进立舍等三，所依四法立理须合说，故三根后方说精进。

言惭者，依自法力崇重贤善为性，对治无惭止息恶行为业。自法力者，自谓自身，法谓教法。言我如是身解如是法敢作诸恶耶？

言愧者，依世间力轻拒暴恶为性，对治无愧止息恶行为业。世人讥呵，名世间力。轻有恶者而不亲，拒恶法业而不作也。

言无贪者，于有有具无着为性，对治贪著作善为业。言有有具者，上一有，字即三有之果，有具，即三有之因。

言无嗔者，于苦苦具无恚为性，对治嗔恚作善为业。言苦苦具者，苦谓三苦，苦具者，苦因。

无痴者，于诸事理明解为性，对治愚痴作善为业。

言轻安者，远离粗重调畅身心堪任为性，对治昏沉转依为业。离重名轻，调畅身心名安。谓此伏除能障定法，令所依止转安适故。言堪任者，有所堪可，有所任受。言转依者，令所依身心去粗重得安隐故。

言不放逸者，精进三根，于所断修防修为性，对治放逸成满一切世出世善事为业。防修者，于所断恶防令不起，于所修善修令增长。言精进三根者，此不放逸即四法防修功能，非别有体。或云：信等亦有防修功能，何不依立？曰：余六比四势用微劣故不依立。偏何微劣？非善根故，非遍策故。

言行舍者，精进三根，令心平等正直无功用住为性，对治掉举静住为业。言行舍者，乃行蕴中舍，简受蕴舍故；言令心平等等者，由舍令心离惛掉时，初心平等，次心正直，后无功用，此初中后差别之位也。此亦即四法者，离彼四地无别相用矣。何知无别？曰：若能令静即是四法，若所令静即心等故。或曰：既即四法，何须别立？曰：若不别立，隐此能故。

言不害者，于诸有情不为损恼无嗔为性，能对治害悲愍为业。谓即无嗔于有情所不为损恼，假名不害。无嗔翻对断物命嗔，不害但违损恼物害。无嗔与乐不害拔苦，此二粗相差别。理实无嗔实有自体，不害依彼一分假立，为显慈悲二相别故，利乐有情彼二胜故。

四、烦恼六者：

此别标章，下别列名。

一、贪。二、嗔。三、慢。四、无明。五、疑。六、不正见。

言贪者，于有有具染着为性，能障无贪生苦为业。生苦者，谓由爱力取蕴生故。

嗔者，于苦苦具憎恚为性，能障无嗔不安隐，性恶行所依为业。不安者，心怀憎恚多住苦故，所以不安。

慢者，恃己于他高举为性，能障不慢生苦为业。生苦者，谓若有慢于德，有德心不谦下，由此死生轮转无穷受诸苦故。

无明者，于诸理事迷暗为性，能障无痴一切杂染所依为业。杂染所依者，由无明起痴、邪定、贪等烦恼、随烦恼业能招后生杂染法故。

疑者，于诸谛理犹豫为性，能障不疑善品为业。障善品者，以犹豫故，善不生也。

恶见者，于诸谛理颠倒推度染慧为性，能障善见招苦为业。盖恶见者，多受苦故，此见有五，谓身、边、邪、见取、戒禁取也。此六即俱生，若开恶见成十，即分别惑也。又十惑中，嗔唯不善，余九皆通有覆不善。

五、随烦恼二十：

此别标章，下别列名。

一、忿。二、恨。三、恼。四、覆。五、诳。六、谄。七、憍。八、害。九、嫉。十、悭。十一、无惭。十二、无愧。十三、不信。十四、懈怠。十五、放逸。十六、昏沉。十七、掉举。十八、失念。十九、不正知。二十、散乱。

言忿者，依对现前不饶益境愤发为性，能障不忿执仗为业。执仗者，伏谓器仗，谓怀忿者多发暴恶身表业故，嗔一分摄。

恨者，由忿为先，怀恶不舍结冤为性。能障不恨热恼为业。热恼者，谓结恨者不能含忍恒热恼故。

恼者，忿恨为先，追触暴热狠戾为性，能障不恼蛆螫为业。言追触等义，谓追往恶触现，违缘心便狠戾多发嚣暴凶鄙粗，言蛆螫他故，此亦嗔分也。

覆者，于自作罪恐失利誉隐藏为性，能障不覆悔恼为业。言悔恼者，覆罪则后必悔恼不安隐故，贪痴二分。若不惧当苦覆罪者，痴一分摄。若恐失利誉覆罪者，贪一分摄。

言诳者，为获利誉矫现有德诡诈为性，能障不诳邪命为业。谓矫诳者，心怀异谋，多现不实邪命事故。此贪痴分。

谄者，谓罔他故矫设异仪谄曲为性，能障不谄教诲为业。谓谄曲者，为罔冒他曲顺时宜矫设方便以取他意，或藏己失不任师友正教诲故，亦贪痴分也。

憍者，于自盛事深生染着醉傲为性，能障不憍染依为业。言染依义者，憍醉则生长一切杂染法故，此贪分也。不憍者，即无贪也。

害者，于诸有情心无悲愍损恼为性，能障不害逼恼为业。言逼恼之义，有害者逼恼他故，嗔一分摄。若论害与嗔之别义者，害障不害，正障于悲。嗔障无嗔，正障于慈。又嗔能断命，害但损他，此差别也。

言嫉者，殉自名利不耐他荣妒忌为性，能障不嫉忧凄为业。言忧凄义者，嫉者闻见他荣，深怀忧凄不安隐故，亦嗔分为体。

言悭者,耽着法财不能惠舍秘恪为性,能障不悭鄙畜为业。亦贪分也。

无惭者,不顾自法轻拒贤善为性,能障于惭生长恶行为业。言不顾者,谓于自法无所顾者,轻拒贤善,不耻过恶,能障碍惭,生长恶行故。

无愧者,不顾世间崇重暴恶为性,能障碍愧生长恶行为业。言不顾世间等义者,谓于世间无所顾者,崇重暴恶不耻过非能障于愧生长恶行故。

言不信者,于实德能不忍乐欲心秽为性,能障净心堕依为业。言堕依者,不信之者多懈怠故。

言懈怠者,于善恶品修断事中懒堕为性,能障精进增染为业。言增染者,以懈怠者滋长染故。

言放逸者,于染净品不能防修纵荡为性,障不放逸增恶损善所依为业。此放逸以何为体?曰:懈怠三根不能防修染净等法,总名放逸,离上四法别无体性。或曰:彼慢疑等亦有此能,何不依立?曰:慢等方四,势用微劣,故不依立。此之四法偏何胜余慢等?曰:障三善根障遍策故,余无此能所以不胜。

言昏沉者,令心于境无堪任为性,能障轻安、毗钵舍那为业。或曰:昏沉与痴何别?曰:痴于境迷暗为相,正障无痴,而非瞢重。昏沉于境瞢重为相,正障轻安,而非迷暗,故二不同。

言掉举者,令心于境不寂静为性,能障行舍、奢摩他为业。

失念者,于诸所缘不能明记为性,能障正念,散乱所依为业。言散乱所依者,失念则心散乱故。此失念者有云念一分摄,是烦恼相应念故。有云痴一分摄,《瑜伽》说此是痴分故,痴令念失,故名失念。有云俱一分摄,由前二文影略说故。

不正知者，于所观境谬解为性，能障正知毁犯为业。毁犯业者，不正知者多毁犯故。此法或云慧一分摄，是烦恼相应慧故。或云痴一分摄？《瑜伽》说此是痴分故。令知不正，名不正知，有云俱一分摄，由前二文影略说故。

散乱者，令心流荡为性，能障正定恶慧所依为业。言恶慧所依者，谓散乱者发恶慧故。或曰：散乱、掉举何别？曰：散乱令心易缘，掉举令心易解，是所别相。

前云随其烦恼分位差别等流性故者，义现此耳。盖忿恨等十并失念、不正知、放逸，此十三法乃根本家差别分位也，若无惭、无愧、掉举、昏沉、散乱、不信、懈怠此之七法，乃根本家等流性故。或云：此七既别有体，何名等流？曰：根本为因此方生故，名等流也。

六、不定四者

此别标，下列名。

一、睡眠。二、恶作。三、寻。四、伺。

言睡眠者，令身不自在昧略为性，障观为业。谓睡眠位身不自在心极暗劣一门转故。昧简在定，略别寤时，令显睡眠，非无体用，有无心位假立此名。如余盖缠，心相应故。

言恶作者，恶所作业追悔为性，障止为业。此即于果假立因名，先恶所作业后方追悔故。悔先不作亦恶作摄。如追悔言，我先不作如是事，业是我恶作。有义此二各别有体与余心所行相别故。随痴相说名世俗有。

言寻、伺者，寻谓寻求，令心忽遽于意言境粗转为性，伺谓伺察，令心忽遽于意言境细转为性，二法业用俱以安不安住身心分位所依为业。谓意言境者，意所取境多依名言，名意言境，或曰，寻、伺二法为假为实？曰，并用思之与慧各一分为体，若令心安即是思分，令心不安即是慧分。盖思者，徐而细故，慧则急而粗故。是知令安则用思无慧，不安则用慧无思。若通照大师释有兼正，若正用思则急慧随思能令心安，若正用慧则徐思随慧亦令不安，是其并用也。

第三色法，略有十一种。

言色者，有质碍之色，有颜色之色，所依之根唯五，所缘之境则六。即二所现影。此别标章，下别列名。

一、眼。二、耳。三、鼻。四、舌。五、身。六、色。七、声。八、香。九、味。十、触。十一、法处所摄色。

言一眼者。照瞩之义，梵云斫刍，此翻行尽。眼能行尽诸色境故，是名行尽，翻为眼者，体用相当依唐言也。

二、耳者。能闻之义，梵云莎噜多罗戍缕多，此翻能闻声。数数闻此声至可能闻处。翻为耳者，体用相当依唐言也。

三、鼻者。能嗅之义，梵云伽罗尼羯罗拏，此云能嗅，嗅香臭故。数数由此能嗅香臭故。翻为鼻者，体用兼之依唐言也。

四、舌者。能当义，梵云舐若时吃缚，此云能尝。《瑜伽论》云能除饥渴数发言论表彰呼召谓之舌也。通于胜义、世俗二义。翻为舌者，亦兼体用依唐言也。

五身者。积聚、依止，二义名身，谓积聚大造，诸根依止。梵云迦耶，此翻为积聚身根。为彼多法依止诸根所随周遍积聚，故名为身。翻为身者，体义相当依唐言也。

体即是根，此五言根者，皆有出生增上义故。则以能造所造八法为体，乃识所依之根也。

言六色者，眼所取故，有二十五种。谓青、黄、赤、白、长、短、方、圆、粗、细、高、低、正、不正、光、影、明、暗、烟、尘、云、雾,过色表色空一显色。此皆方处示现义，颜色之色也。对眼识故质碍名色，乃色之总名耳。

言七声者，四大种所造耳根所取义。故总有五因，摄十二种声。五因者，一相故，即耳根所取义，此一为总余四为别。二损益故者，立初三种声，云可意声、不可意声、俱相违声。三因差别故者，摄次三种，谓因执受大种声、因不执受大种声、因俱大种声。四说差别摄三者：有世所其成声，谓世俗语所摄成；所引声者,谓诸圣所说;遍计所执声者,外道所说。五言差别摄三者。圣言量所摄声，即八种圣语。圣，正也，此八种语不出见闻觉知，该于六根，以鼻舌身皆觉故。如应答于人，第一见则言见，乃至第四知则言知，若不见言不见，乃至第八不知言不知，斯圣语矣。若第一见言不见，不见言见，乃至第八不知言知，此亦八种非圣言矣。《华严钞》唯十一种，以《唯识》加响以成十二，更俟参考。

言八香者，乃鼻之所取可嗅义故。总有六种，谓好香、恶香、平等香、俱生香、和合香、变易香也。

九味者，舌之所取可尝义故，有十二种。谓苦、酸、甘、辛、咸、淡、可意、不可意、俱相违、俱生和合、变异也。

言十触者，身之所取可触之义故，名为触。有二十六种。谓地、水、火、风、轻、重、涩、滑、缓、急、冷、暖、硬、软、饥、渴、饱、力、劣、闷、痒、粘、老、病、死、瘦是也。初四乃实，余皆依四大假立。或曰：余既是假身识何缘？曰：即实缘故。既即实缘，何知轻等，五俱意识分别之也。

言法处所摄色者，谓过去无体之法可缘之义。此有五种：谓极迥色，依假想观析所碍色至极微故名极迥色；又云上见虚空青、黄等色，乃是显色，若下望之则此显色至远而为难见故名极迥色也。言极略色者，亦假想观析须弥俱碍之色至极微处故；又云于色上分析长短、形相、粗细以至极微故。言俱碍者，乃根色等，明暗等色乃所碍也。定果色，谓解脱定，亦鱼米肉山威仪身等，亦名定自在所生色。定即禅定，自在所生色，谓菩萨入定所现光明乃见一切色像境界。如入火光定，则有火光发现等。受所引色者，谓律不律仪殊胜思种所立无表色也，又受即领受，引即引取。如受诸戒品，戒是色法所受之戒，即受所引色也。遍计所执色者，谓第六识虚妄计度所变根尘，无实作用故立此名。或谓余四名色有可拟议，受之所引何亦名色？盖从所防发善恶之色以立名耳。此四全一少分是假，一分乃实。

第四，心不相应行法，略有二十四种：

此乃色心分位，盖依前三法一分一位假立得等之名，以行法有二，此简非心所以立其名。此总标章，下乃别列：

一、得。二、命根。三、众同分。四、异生性。五、无想定。六、灭尽定。七、无想报。八、名身。九、句身。十、文身。十一、生。十二、住。十三、老。十四、无常。十五、流转。十六、定异。十七、相应。十八、势速。十九、次第。二十、时。二十一、方。二十二、数。二十三、和合性。二十四、不和合性。

言得者，包获成就不失之义，乃色心生起未灭坏来此不失之相也。

命根者，依业所引第八种上连持色心不断功能，假立命根耳。

众同分者，类相似故有人法之别。人同分者，如天同分，人同分；法同分者，如心同分，色同分等。三乘五性依人法类假立此名。

异生性者，二障种上一分功能令趣类差别不同，云异生性也。

无想定者，想等不行令身安和故亦名定，或云此定想等心聚悉皆不行。而云无想者，想灭为首，谓此外道厌想如病忻求无想以为微妙，立此定名。

灭尽定者，令不恒行心心所灭及染第七恒行心聚皆悉灭尽，乃此定相。盖修无想则作出离想，而灭尽乃作止息想。又无想唯凡，灭尽唯圣，乃二定之差别也。大抵于厌心种上遮碍转识不生功能，立此二定也。

言无想报者，由欲界修彼定故感彼天果，名无想报，乃无想之报。

名身者，能诠自性，单名也；二名已上，方名名身；三名已上名多名身；乃诠别名之身。

句身者，一句名句，二句名身，三句已上名多句身；单句诠差别，多句则诠别句之身。

文身者，文即是字，能为名句二所依故。如单言砑单言刍未有诠表名之为字，论不言名与多名，举中以摄广略也。又云带诠名文，如经书字；不带诠者，只名字，若字母及等韵类是也。

生者，先无今有。

住者，有位暂停。

老则住别前后，亦云衰变名老，又云法非凝然。

言无常者，今有后无，死之异名。又诸圣教多合生灭以为无常。盖生名为有，有非恒有，不如无为灭名为无，无非恒无不如兔角。不同彼无为，兔角之常故曰无常，今唯据死而言。

流转者，因果不断相续前后。

定异者，善恶因果互相差别。

相应者，因果事业和合而起，或曰，此之总名不相应行法，今名相应者何耶？盖名不相应者，简前相应心所而已。此相应者乃前三法上事业和合之谓，岂相滥乎？

势速者，有为法游行迅疾飞行运奔皆此所摄。

次第者，编列有叙令不紊乱，尊卑、上下、左右、前后有规矩者，皆此摄也。

时者，过、现、未来、成、住、坏、空、四季、三际、年、月、日、夜、六时、十二随方制立故名为时。

方者，色处分齐人法所依，或十方、上下六合，四极亦随所制。

数者，度量诸法之名，或一、十、百、千，至不可转也。

言和合性者，谓于诸法不相乖反。

不和合性者，谓于诸法相乖反故，前如相顺因，此如相违因。

或曰：此二十四于前三分位，则以何法当前何位？大略而言，命根一法唯心分位，第八心种上连持功能故。异生性一唯所分位，二障种上令别功能故。二无心定、无想异熟，乃王所上假，王所灭已名无想等。余十九种通色及心与心所法，三上假立。如众同分，乃色同分、心同分、所同分。又如势速，乃是色、心、心所迁灭不停故。又如定异，色不是心，心不是所，善因恶果定不互感等。余仿此说。

第五，无为法者，略有六种：

此标章下别列：

一、虚空无为。二、择灭无为。三、非择灭无为。四、不动灭无为。五，想受灭无为。六、真如无为。

言无为者，是前四位真实之性故，云识实性也。以六位心所，则识之相应。十一色法，乃识之所缘。不相应行，即识之分位。识是其体，是故总云识实性也，而有六种。谓之无为者，为，作也。以前九十四种乃生灭之法，皆有造作故属有为。今此六法寂寞冲虚、湛然常住、无所造作，故曰无为。

言虚空无为者，谓于真谛离诸障碍犹如虚空，豁虚离碍从喻得名。下五无为，义仿此说。

择灭者，择谓简择，灭谓断灭，由无漏智断诸障染所显真理，立斯名焉。

非择灭者，一真法界本性清净不由择力断灭所显，或有为法缘阙不生所显真理，以上二义故立此名。

不动者，以第四禅离前三定，出于三灾八患无喜乐等动摇身心所显真理，此从能显彰名故曰不动。

想受灭者，无所有处，想受不行所显真理立此名耳。

真如者，理非妄倒故名真如。真简于妄，如简于倒，遍计依他如次应知。又曰真如者，显实常义真即是，如如即无为。

上自一切法，下至此乃明百法以答初何等一切法之问毕矣。此下大分明二无我，以答次问也。

言无我者，略有二种：

此标章，下别列：

一、补特伽罗无我。

梵言补特伽罗，唐言数取趣。谓诸有情数数起惑造业，即为能取，当来五趣名为所趣，虽复数数起惑造业五趣轮转，都无主宰实自在用故言无我，乃补特伽罗即无我矣。此所无即我，是为我空也。彼凡夫等皆执心外实有诸法，又执此法有实主宰，此说为无，无即彼空无别体也。

二、法无我。

言法者，轨持之义，谓诸法体虽复任持轨生物解，亦无胜性实自在用故言法无我，法即无我，应云法无法，从能依说故云法无我。《瑜伽》九十三云：复次，一切无我，无有差别，总名为空，谓补特伽罗无我及法无我。补特伽罗无我者，离一切缘生行外别有实我不可得故。法无我者，谓一切缘生诸行性非实我是无常故。如是二种，略摄为一。彼处说此名为大空。又云：我之执者，心得境名。又云：二执者，我狭法宽，盖人有迷人必迷法者，迷法未必迷人故。能持自体者为法，有常一用者为人。如二乘我执已断，法执犹存，则其浅深宽狭可见矣。盖我法者，不出世间及圣教二种我法。谓世间人执我法无体，随情名世间，假圣教我法者有体强设名之为假故。二皆为假，故无我法也。

唯识二十论述记

世亲菩萨 造论
窥基法师 述记

卷一

《唯识二十论》者，筏苏畔徒菩萨之所作也。题叙本宗，有二十颂，为简三十，因以名焉。

昔觉爱法师，魏朝创译，家依三藏，陈代再翻。今我和尚三藏法师玄奘，校诸梵本，睹先再译，知其莫闲奥理，义多缺谬，不悟声明，词甚繁鄙，非只一条，难具陈述，所以自古通学，阅而靡究。复以大唐龙朔元年，岁次辛酉，六月一日，于玉华庆福殿，肇翻此论。基受旨执笔。其月八日，详译毕功。删整增讹，缀补纰阙。既睹新本，方类世亲。圣旨创兴于至那，神容重生于像季。哲鉴君子，当自详之。

然此论本，理丰文约，西域注释，数十余家，根本即有世亲弟子瞿波论师，末后乃有护法菩萨。护法所造释，名《唯识导论》，印度重为词义之宝，悉至异道尝味研谈。

我师不以庸愚，命旌厥趣，随翻受旨，编为述记。每至盘根错综之义，叙宗回复之文，旨义拾释，以备提训，更俟他辰，方冀翻释。功亏化毕，未果便终。遂使玄源见拥而无披，幽灵守昏而永翳。可谓连城易托，法宝难窥，浅义疏文，从兹绝矣。

梵云毗若底，此云识。摩咀喇多，此云唯。凭始迦，此云二十。奢萨咀罗，此云论。顺此方言，名《唯识二十论》。唯者，独、但，简别之义；识者，了别，诠辨之义。唯有内心，无心外境，立唯识名，至下当释。识即是唯，故言唯识，是持业释。复言二十，是颂数名。合名《唯识二十论》者，带数释也。论如常释，释义及难，至文当叙。旧论但名《唯识论》者，译家略也。

将释本文，以三门辨：一、显教时机，教摄分齐；二、明论宗体，造论所由；三、依论所明，判文别释。

△初显教时机，教摄分齐者，于中有三：一、辨时，二、辨机，三、辨摄。

先辨时者。如来说教，总有三时：初于鹿苑，说《阿笈摩》，有四谛教，破我有执。次于鹫岭，说《大般若》，空二取教，破法有执。虽空有教，能离断常，然未尽理，会于中道。后于七处八会，方说三界唯心，双离有空，契中道教。即是《华严》《解深密》等，空心外二取，破初有执；有内识一心，遣后空见。故今此论，正处中道，是第三时胜义教也，如《解深密》《瑜伽》等说。先时所说一时、五时，皆无经教，不可依也，如别章中已广叙说。

次辨机者。有情根性，总有五种，谓三定性、一不定性、一总无性。于此五中，唯大乘定及不定性之所听受，非余声闻、独觉等性之所依信。《成唯识》云：无性有情不能穷底，趣寂种姓不能通达。所辨教理，无上乘故；说唯有一心，无心外境故；舍利弗等，如聋盲故。如《成唯识义疏》中说。

后教摄者。于三藏中，对法藏摄；于二藏内，菩萨藏收；十二分教，论议经摄；于五乘中，大乘所摄。此等教理，如别章说。

△第二明论宗体，造论所由者。于中亦三：一、辨论宗，二、辨论体，三、辨造论所由。

初辨宗者，所明唯识，唯识为宗，离自所明，更无宗故。

次辨体者，体有四种，如余处说。摄相归性，真如为体；摄境归识，以心为体；摄假归实，以声为体。性相别论，即有二种：一、增上缘，许佛说法，以佛无漏声名句等为其教体；佛不说法，大乘智悲，为其教体。二、亲因缘，随佛说不说，皆于能听者耳意识上所变声等为其教体。今论之本，谓即佛经，故出体者，应如经说。然造论主，唯有说法，为增上缘，令闻者变。总合疏亲所缘缘为论，皆以声名句文为体。《十地论》说：说听俱以二事究竟，一者声，二者字。此下文云：展转增上力，二识成决定。《成唯识》说法词二无碍解，境有差别等。广引教理，明此体性，如余处说。

后辨造论所由者。然此无文，准余论说，令法久住，利益有情，故造论也。或为令知第三时教，契会中道，造斯论焉。

或执外境如心是有，如萨婆多师等；或执内心如境是无，如空见外道等；或执诸识用别体同，如一类菩萨等；或执离心无别心所，如经部等；或执狱卒等是实有情，如大众部等；或说狱卒等非实有情，业生大种，大种相异，如萨婆多等；或说狱卒等虽非有情，然熏习所起，非是识变，如经部等；或执外境体是一物，如吠世师等；或执境多念，心唯一刹那，如正量部等；或执极微，有相资相，为五识境，如众贤师等。此诸论师，皆由邪知、无知二种，于义不了，遂于二果覆障不证。今为遮此种种异执，令于唯识深妙理中，得如实解，故作斯论。随下破中，一一别显，故不预释。

问：此与三十意有何差别，为更造论以明唯识？

答：彼三十论广显自宗，此中二十广破外难，虽俱明唯识，二论有别也。又彼三十广显正义，此中二十广释外难。又彼三十天亲后造，有颂无释；此中二十天亲先作，有颂有释。又明唯识二论虽同，开设千门令随一入，故须别造二部论也。又妙理幽玄，叮咛始显；宗趣虽一，二论重明。是谓二论缘起各别。

△第三依论所明，判文别释者。菩提鹘露支，此云觉爱，先云觉喜。即魏时菩提流支法师；或云魏时有居士，名般若流支此云慧爱所译。梁末陈初，有拘罗那陀，此云家依，亲依亦得。即真谛三藏也，并各翻此《唯识二十》。觉爱法师，文多颂少；家依三藏，文少颂多；今此所翻，文颂折中。且如觉爱法师，有二十三颂，一十八纸；家依法师，乃有二十四颂，总有九纸；今者新译，有二十一颂，乃总八纸。觉爱所翻第二十一引经之颂，余二本无；家依所翻初首二颂归敬之偈，余二本无，故知皆是译家增取释文翻之于论本也。其次最初立宗之偈，旧二论有，唯新论无。校三梵本，及勘题目，都不合有。名唯识二十，何得有焉？觉爱增初一颂及第二十一偈，家依乃增初之三颂。故知所余二十一颂，三论皆有，是根本文。以二十颂显扬唯识，是故名为唯识二十；末后一颂，结叹归能，非明宗义。

由此于中，文总有二：初正辨本宗，破计释难；后结己所造，叹深推佛。就初分中大文有二：初立论宗，大乘三界唯识无境；后即于此义有设难言下，释外所征，广破异执。

就立宗中，文有其四：初立论宗，诸法唯识。二显由经说，以经为证。今明唯识，但成大乘唯识之义；或显论所明，为成经义，成立大乘是佛所说，唯识不虚。三释外伏难，简择唯言。四明唯识义，举喻以显。或分为三：初立论宗；第二立因，以经成论；第三举喻。

安立大乘三界唯识。

前第三门，摄入立宗，为简无失。今此所言安立大乘三界唯识，即立宗也。凡有三意。

一者安立大乘中唯识教。诸宗不信佛所说故，广引教理，如《成唯识》，非此所明。略成比量云：我说大乘是佛所说，许具三法印契经摄故，如《增一》等。今此所言唯识，即显能诠唯识之教。

二者安立大乘中所说三界唯识理。诸宗说有心外境故，不信三界唯心之理，故今成也。言大乘三界唯识，即显所诠唯识之理。

三者安立诸大乘教及唯识理。于教理中，俱不信故，随文配属。

安立者，成立义。谓此论中成立大乘三界唯识，即以因喻，成立宗义，名为安立。又安立者，施设义，以广道理施设唯识略理趣故。或安立者，开演义。未说之义，今说名立；已说之义，今广名安。又安者可也，教理相称；立者建也，法性离言，今言名立。或言顺理，所以称安。陈那释云：能立能破，总名安立。谓能立自大乘唯识，能破于他余宗有境，故名安立。

言大乘者，《辨中边论·无上乘品》说，由三义名无上乘。一、正行无上，二、所缘无上，三、修证无上。正行有六种：谓最胜、作意、随法、离二边、差别、无差别，此等中一一皆有多门。所缘有十二：谓安立，法界，所、能立，任持，印、内持，通达，增，证，运，最胜。修证有十种：谓无阙、不毁动、满、起、坚固及调柔、不住、无二障、无息。即由此教，辨斯三义，名为大乘。

或《杂集论》第十一说：七大性相应，是名大乘义。一境、二行、三智、四精进、五方便善巧、六证得、七业大性。境大者，以广大教为所缘故。行大者，自利利他故。智大者，二无我智故。精进大者，三大劫中，修无量种难行行故。方便善巧大者，得不住道故。证得大者，证十力等诸功德故。业大者，穷生死际，建佛事故。亦由此教，辨斯七义，故名大乘。

又《摄论》说，或乘大性，是有财释；亦乘亦大，是持业释，名为大乘。

言三界者，谓欲、色界及无色界。世亲释云：能持自相，故名为界；或复界者，是种族义。欲谓段食、睡、淫所引贪欲。欲所属界，故名欲界。变碍示现，说名为色。色所属界，故名色界。于彼界中，色非有故，名为无色。彼体非色，立无色名，非彼但用色无为体。无色所属界，名为无色界。略去中言，故作是说。如胡椒饮，如金刚环。又欲之界，名为欲界，由此界能任持欲故。色、无色界，应知亦然。体通五蕴，皆依士释。无性释云：谓与欲等爱结相应，堕在三界。

言唯识者，瞿波师说：以有三德，故今安立。一、本有德，本性净故，意说识性；二、中有德，即依唯识，修行万行，三劫能断皮肉肤等所有粗重；三、末有德，即至佛位，福智圆明，难遇独出。

唯，独、但义；识，了别义。

体即五法，心心所等。所以者何？总说诸法，略有三性。谓即遍计所执性，虚妄唯识；依他起性，非有似有，因缘所生，因缘唯识，即是识相；圆成实性，依他起上遍计所执空无之理，真实唯识，即是识性。

诸异生等，迷圆成实，执依他等是一是异，谓离心外，定实有法，是心所取，无明所蔽，正智不生。今为显彼所说离心遍计所执实法非有、虚妄识现，但有有为依他识相因缘唯识，及有无为圆成识性真实唯识。故今总说诸法唯识，令知有无，证转依果。此则相性各别体说。若摄诸境皆从于心名唯识者，真如既是识之实性，亦名唯识。此约三性。

若依二谛说，亦有差别，四重各别：一、空有识，二、事理识，三、别总识，四、诠旨识。如《成唯识述记》中说。

于依他起唯有识中，此义有说，唯有识体一自证分，无见相分，以圣教说能取所取是所执故，皆性非有，说名唯识。此师意说，有漏八识，有学菩萨及二乘等诸无漏心，皆有见相。有见相故，皆有法执。佛则不尔，至下当知。

或说唯有自证、见分及自相分，无此以外所执二取，说名唯识，此见相分不离识故。此师意说，唯第六、七能起法执，非余识等，至下喻中当广分别。此中意说，谓今此论施设大乘中所立三界法皆唯有识。

问：离系法为唯识否？答：此亦唯识。

问：何故此中但言三界？答：且举异生所成妄法唯有识理，但言三界，非无漏法无唯识义。此为理解，或由教故。

△此下即第二，显由经说。

以契经说，三界唯心。

今明唯识，以经成论，令信易生。以第五啭，与故字同。谓《华严》经等契经中说，三界诸法唯有心故，是《十地论》第八卷内第六地中说也，今方成立唯有识义。梵云素怛览，此云契经。契者合也，经如常释。经合正理，契应物机，故名契经。由佛经中说唯心故，此明唯识，以经成论。或此所明唯有识者，为契经说唯有心故，故今此论立理成经。或今所说唯有识言，以何为证？由契经说唯有心故。

问：经何但说三界唯心？

答：经部师等，缘无心起，亦但有心，然非一切。今遮于彼，故说三界唯有识。无性释云：此唯识言，成立唯有诸心心所，无有三界横计所缘。此言不遣真如所缘、依他所缘，谓道谛摄根本、后得二种所缘，由彼不为爱所执故，非所治故，非迷乱故，非三界摄，亦不离识，故不待说。既由三界能缘之中有能遍计，所缘之中有所遍计，有漏聚中有横计故，为遮此执，但说唯心，非无漏法非唯识也。下当广说。

问：欲色界有色，遮此说唯心；无色界色无，应不言唯识？

答：此难不然！所执实皆无，遮此名唯识，非但遮色有，故说三界唯心，亦无所执唯识及余虚空法等一切境故。又经部师说，无色界诸心心所是无，色相无体，无实所取境义显现所依。恐彼执为非心心所，故说三界皆唯有心。

问：唯有识教，尔所经为证耶？

答：更有余《解深密》说唯识所现，又说诸法皆不离心，又说有情随心垢净，又说成就四智菩萨能随悟入唯识无境，乃至广说，如《摄大乘》第四卷中及《成唯识》第七卷说。又《华严经》第九卷云：心如工画师，画种种五阴，一切世界中，无法而不造，如心佛亦尔，如佛众生然，心佛及众生，是三无差别。

问：何故此论唯说一经？

答：且举一经，以成教理，何要多经其理方显？

问：何故论中即言唯识，诸经所说乃名唯心，举心证识，义如何成？

△自下第三，释外伏难，简择唯言。于中有二：初释伏难，解识字，后释唯言。此即初也。难如前说，此即是答。

心、意、识、了，名之差别。

谓诸经论所说心、意、识及了别，此之四名，其体无异，但名差别。心，积集义；意，思量义；识，了别义；了，识达义。应言了别，此中言略，但说了言；旧论言等，等此了故。积集有二：一、集行相，二、集种子；初通诸识，后唯第八。思量有二：一、无间觉，二、现思量；初通诸识，后唯第七。了别有二：一、细，二、粗；初通诸识，后唯前六。此即八识皆有四名。若恐摄不尽义，言等者，非八通名，何须等之？故如梵本，应言了也。无性释云：心、识是一，八识皆无离心之境，各名唯识。故经说心，不违论说，是异名故。更有异释，如《唯识疏》。

问：此中八识若皆得名心意识者，何故诸处说第八识名心，第七名意，余六名识？

答：《成唯识论》第五卷说：如是三义，虽通八识，而随胜显。第八名心，集诸法种，起诸法故；第七名意，恒审思量为我等故；余六名识，粗动间断了别转故。各随胜显，别得一名；据实而言，皆得通说。此约通为论故，亦或不相违。

问：若八识体各各名唯，何故乃说一心所作？

答：据梵本说，亦无一字，但言唯心。今义释言：唯，独、但义；一，无二义。名异义同，谓无外境，唯有心故，名为一心，非说心体但是一物。

问：据实而说，识体是一，识体是多？

答：如《摄论》言，一类菩萨说八识体唯是一物，有一类师说有多体。今依后义。《成唯识论》第七卷说，八识自性，不可言定一，行相、所依、缘、相应异故，又一灭时余不灭故，能所熏等相各异故；亦非定异，经说八识如水波等无差别故，定异应非因果性故，如幻事等无定性故，依理世俗说有八别，非真胜义，真胜义中心言绝故。此显八识体，非即非离。《入楞伽经》伽陀中说：心意识八种，俗故相有别，真故相无别，相所相无故。若依一类，说体唯一，于世俗谛，体亦非多。此言俗故相有别者，依用而说。此中八识诸门分别，如《成唯识》第二、三卷等；第八识以十门分别，如第四、五卷等；第七识亦十门分别，如第五、六卷等；余六识以九门分别。

经部等问：既言唯识，应无心所，不说唯故。

△第二，简择唯言。

　　　此中说心，意兼心所。

论所引经说唯心者，言虽唯心，意亦兼说唯诸心所。以唯有心所，无实所取故。

问：何故不说？

答：无性释云：唯声为遣所取境义，由彼无故，能取亦无；不遮心所，由彼与心不相离故。如说若无心所有法，心未曾转。

经部转计，及上座部言：若尔，灭定何故唯心？是彼宗过，我大乘中，若处有心，必有心所诸相应法；若无心所相应法者，心亦定无。《成唯识》说，以心胜故，但说唯心，心所依心势力生故，略且不说。

瞿波释云：此中唯言，为显胜义，不为显能义，以三界中心最胜故；如经说言，道唯护根戒，或名沙门等；由识故三界生，故名胜。遂引颂言：诸法心为先，为胜及为显，若人起净心，说言及作事，乐从三善生，随逐犹如影；诸法心为先，为胜及为显，若人起染心，说言及作事，苦从三恶生，如轮随牛脚。心相应故，说唯心言，亦摄心所。

问：何名心所？

答：心之所有，恒依心起，与心相应，系属于心，故名心所。如王有臣，人有财等。

问：心所与心，为一为异？

答：如萨婆多等，与心定异；如经部等，与心无异。今大乘者，如《成唯识》第七卷中，广有问答，辨其一异。然总意者，依世俗故，说有差别，不同经部；依胜义故，心所与心，非离非即，如日与光，不同萨婆多。

问：若依世俗，与心有异，其缘境时，与心何别？

答：《成唯识论》第五卷说，心于所缘，唯取总相；心所于彼，亦取别相，助成心事，得心所名。如画师资，作模填彩。《辨中边论》第一颂云：三界心心所，是虚妄分别，总了境名心，亦别名心所。即是心所取总别相，心王唯总，乃至广说。

问：今几心所，何心与何心所相应？缘何境界？乃至广说一切义门。

答：如《成唯识》及别章中，具广分别，不能广引。

问：经中但说有心言，宁知有所？

　　唯遮外境，不遣相应。

为诸愚夫不知心外无实境相，便执实有，起诸恶业、二重障等。经说唯心，遮离心外遍计所执实境是有，不为遣除依他起性不离于心诸心所法。心为主故，说唯有心，理实亦唯有诸心所。

问：何名相应？

答：《成唯识论》第三卷说，谓心心所，行相虽异，而时、依同，所缘、事等，故名相应。即具四义，除同行相，乃名相应。彼违《瑜伽》，及理有别，皆如彼说。

问：若遮外境，岂复亦遮自身诸识各所变耶？

答：今亦遮此诸识相缘，不能亲取。非遮体有离自外境，亦非或一向遮体都无，但说自心不能亲取。心亲所取，定不离心；若离自心，定不亲取。

问：其心所法，唯既不遮，其真如性，经中不说，应非唯识。

答：《成唯识》说，识之实性，不离识故，名为唯识；非如心所，名唯心所，不名唯识。真如亦是心所实性，亦得名为唯心所法，此理通故。旧论此中别说一颂，以立论宗。真谛颂云：实无有外尘，似尘识生故，犹如翳眼人，见毛两月等。菩提流支云：唯识无境界，以无虚妄见，如人目有翳，见毛月等事。理虽不违，勘三梵本，并无此颂，但译家增。

△自下第四，显唯识义，举喻以成。

内识生时，似外境现，如有眩翳，见发、蝇等，此中都无少分实义。（旧论此中，设为外难，方显正理。此译家增，非梵本有。）

内识生时，似外境现，此中都无少分实义，显唯识义。如有眩翳，见发蝇等，此中都无少分实义，举喻以成。或前虽引教，今以理成。

若安慧等以前圣者，说此内识生似外境现言，谓唯有识依他起性一自证分，似外遍计所执见相二取境现。所执虽无，妄情谓有；似妄情故，名似所取。《成唯识论》第一卷言：或复内识，转似外境。第七卷说：或转变者，谓诸内识，转似我法外境相现。此师意说，见、相二分，是所执无；唯自证分，依他性有。《中边》等说：能取所取，皆所执故，由自证分虚妄熏习为因缘故，自体生时，似能所取外境相现。此中二取，都无少实，唯有自证，似彼而生，唯取自体，故无少法能取少法。愚者不知，谓离识体有实二分，故说唯识，令其了知。

若护法等以后圣说，言内识生似外境现，谓有依他自证、见、相三分而生，不离识故，名为唯识。愚者依此不离识法，执为离心有实境相，此实所取心外二取，体性都无。《中边》等说，二取非有，依他二取，其体非无。《摄论》等说，唯二等故。若无依他见、相二分，即违《厚严》及诸圣说唯量、唯二、能所取缠见种种等。故今唯有非有似有依他内识三分而生，都无少分离心之外遍计所执实二取现，故无少法能取少法。说唯识言，令其了达，不生愚昧，谓彼为有。《成唯识论》第一卷说：谓内识体转似二分，相见俱依自证起故；依斯二分，施设我法，彼二离此，无所依故。第七卷说：三能变识及诸心所，皆能变似见、相二分。此师说也。

法体虽然，理犹未显，故次举喻，以成此宗。

如世有人，眼有眩、翳，意识遂于空中见有发、蝇等。等者，等取空花、黄色、第二月等。眩是乱病，翳是障疾。眼病为缘，意见发等，此中都无少分实义。由眼有病，以眼为门，意见蝇等，非即眼识能见发、蝇。如以手等按一目时，意识便见第二月现，非即眼识见第二月。第六意识以眼为门，同时明了，状如眼见，实非眼见，以五识中无慧执故。《成唯识》说：现量证时，不执为外；后意分别，妄生外想。故自相分，识所变故，亦说为有；意识所执，妄计度故，说之为无。此护法等说唯六、七有执者，解《摄大乘》说能计度者是意识故。又说：唯有二分内识变相，不离于识，似外境现，此中都无离识实物，如有眩、翳，见发、蝇等。

若安慧等说八识中皆有执者，以此等论诸文为证。眼有眩翳，见第二月，眼即能见，故眼识等诸见相分，皆是所执，此中都无少分实义。谁言意识依眼见也？言唯意识能计度者，彼论意说，遍一切境而计度者，唯意识能。谁言五识无有遍计？若不尔者，此中云何说眼有眩，见发、蝇等？

广此等诤，如《成唯识》。瞿波论师，同护法释：以眼为门，意识能执，无有道理五识缘无，无分别故，一向缘实。如《阿毗达磨经》偈中说：无有眼等识不缘实境起，意识有二种，缘实不实境。安慧解此文云：五识起执，必托似境实法而起，似色用故。不同意识缘龟毛等，本无亦生，无似用故，不说五识不起法执。唯缘实境，妄习内缘，所见外境，皆非实有。亦如发、蝇，所见蝇蛇喻亦如是。故《成唯识》云：如患梦者，患梦力故，心似种种外境相现，缘此执为实有外境。虽有此喻，理仍未显，应更立量。

量云：极成眼识，定不亲缘离自色境，五识之中随一摄故，如余四识。此余意识，亦不亲缘离自诸法，是识性故，如眼识等。中间四识，比量准思。此成心外境非内心所缘，次成心内境定不离于识。

量云：此亲所缘，定不离此，二随一故，如彼能缘。又亲所缘，决定不离心及心所，所缘法故，如相应法。复第二云：余所执法，异心心所，非实有性，是所取故。如心心所，能取彼觉，亦不能缘彼，是能取故，如缘此觉。

问：如他身等识，虽不亲缘，既许有体，何得名唯识？

答：《成唯识论》第七卷说：非唯识言但说一识，若唯一识，无他等者，何有十方凡圣尊卑因果等别？谁为谁说，何法何求？故唯识言，有深意趣。识言，总显一切有情各有八识、六位心所、所变相见、分位差别及彼空理所显真如，识自相故，识相应故，二所变故，三分位故，四实性故。如是诸法，皆不离识，总立识名。唯言，但遮愚夫所执定离诸识实有色等。若如是知唯识教意，便能无倒善备资粮，速入法空，证无上觉，救拔含识生死轮回，非全拨无恶取空者违背教理能成是事。

故定应信一切唯识，知清辨等所执皆非，由拨依他、圆成无故。

《中边论》中，慈氏尊说：虚妄分别有，于此二都无，此中唯有空，于彼亦有此。故说一切法，非空非不空，有无及有故，是则契中道。由此故知，说唯识者，契中道义。

今言唯识，但言三界，且略但依染依他说，妄执分别，唯染污故，理实亦有净分依他。净分依他，唯识异说，至下当叙，不烦繁显。然心心所，依世俗谛，非真实有，依他起故，如幻事等；若依胜义，非实非不实，心言绝故。

依清辨等，破有为空，真性有为空，缘生故如幻。彼似比量，非真比量。若我真性，离心言故，有为非空；若汝真性，非极成有，唯是空故。故今所说，于理无违。为遣妄执心心所外实有境故，说唯有识；若执唯识真实有者，如执外境，亦是法执。

问：虽知离心实境非有，心内之境，为如于心，亦是实有，为有异耶？

答：《成唯识论》第十卷中，略有三说。

第一师说：然相分等，依识变现，非如识性依他中实。不尔，唯识理应不成，许识内境俱实有故。

第二师说：或识相见等从缘生，俱依他起，虚实如识。唯言遣外，不遮内境。不尔，真如亦应非实。境既同识，何名唯识，应名唯境？或虚实同故，识唯内有，境通外故，恐滥于彼，但言唯识。或诸愚夫，迷执于境，起烦恼业，生死沉沦；哀愍于彼，但说唯识，令自观心解脱生死，非说内境如外都无。虽有内境，亦不如心，此中但说如心实者。

第三师说：或相分等，皆识为性，由熏习力，似多分生；真如亦是识之实性，故除识性，无别有法。此第三师即安慧等，前二师义，护法等宗，然有别说。合而论者，第二师说胜，无过失故，识者自知。然《佛地论》，但有一说，同第一师。

上来总辨，初立论宗，唯识无境。

△自下第二，释外所征，广破外执。于二十颂中，大文有七。此下第一，有十四颂，小乘外道，四事难识境无，却征实境执。二、诸法由量刊定有无下，有一颂半，释小乘等以现量证境有，返破忆持执。三、若如梦中虽无实境下，有半颂，释小乘外道以梦例觉时应知境无失。四、若诸有情由自相续下，有半颂，复释外难，二识成决定，外境非无失。五、若如梦中境虽无实下，次有半颂，复解外难梦觉心无异，造行果差失。六、若唯有识无身语等下，次有二颂，又释外难无境杀等无，返诘他宗失。七、若唯有识诸他心智下，次有一颂，又释外难不照他心智，识不成失。

就第一中，文复有四。初有一颂，小乘外道四事难境无，证知非唯识；第二，非皆不成下，次有五颂，释四难非理，故知是唯识；第三，此教非因下，次有三颂，释有情法二无我教，引教难不成，故知唯有识；第四，复云何知佛依如是下，次有五颂，返破外人外境非实有，故知唯有识。或分为三，合初二段，总为一段，四事问答外境无。故于初难中，先标外难，后叙难。

今即于此义，有设难言者，标外难也。

> 即于此义，有设难言。

谓此所难，无实外征，论主假作经部诸师，为此问意，故言设难。又设谓施设，即实经部施设此难。此下正叙难。初略颂，后广问。

> 颂曰：
> 若识无实境　即处时决定
> 相续不决定　作用不应成（一）

颂中初句，牒大乘义，及第四句不应成言，正为难理，总通四难。谓若说识无实境者，即处决定不应成等，至下当知。旧论颂云：处时悉无定，无相续不定，作事不应成，若唯识无尘。意具文倒，寻者自知。

△自下广问。

> 此说何义？

将演颂难，故先论主起此问端：此颂所说，明何义理？

△下广四难，于中有二：初牒大乘义，别为四难；后总为四难。

初中亦二，初牒大乘义，后正申难。此广初句，通下四难。

> 若离识实有色等外法，色等识生，不缘色等。

若者，若其事。谓若大乘说唯有识，无心外境，即是离于心外实有色声等境，有缘色等能缘识生，此识生时不以离心色等为境者。此即小乘外道牒大乘义。

　　△自下正难。即第一难，颂第二句，处定不成。

　　　何因此识，有处得生，非一切处？

　　谓既无实境,许有此识生,何因如缘终南山识于此山处起,余处则不生？此及所余，境实无故。谓立量云：非缘终南处，缘此识应生；执境实无，识得生故；如缘终南处。此言现识，非谓比识；若说比识者，非此处亦生。然今且为处定比量，此识不生，倒生比量，义准可知。然不繁作，下皆准悉。何因等言，即不应成。

　　△此下第二难，颂第二句，时定不成。

　　　何故此处有时识起，非一切时？

　　谓既无实境，许有此识生，何故如缘终南山处，识于一时起，非一切时生，此时余时境俱无故？谓立量言：非缘终南时，缘此识应起；执境实无，此识生故；如缘终南时。此言现识，如前已说。处时有异，余意可同。

　　△下即第三难，颂第三句，相续不定不应成难。

　　　同一处时，有多相续，何不决定随一识生？

　　言相续者，有情异名，前蕴始尽，后蕴即生，故言相续。或非常一，简异外宗，亦言相续。谓既无外境许有此识生，如同一山处，及同一时间，有多相续皆共缘见，何不决定，随一相续，缘山识生，所余有情此识不起？

　　此虽正难，理犹未显，次举喻成。

　　　如眩翳人见发蝇等，非无眩翳有此识生。

　　此举决定，例不决定。既言虚妄分别以为缘故，似外境生，实无外境，如有眩翳见发蝇等，无小实义，唯有识者，如世目眩及中有翳以为缘故，同一时间，于虚空中，此决定见有发蝇花等种种异物，非是眼中无眩翳者于此时处许有见发蝇等识生。何故于同一山之处及同一时有多相续皆共见山？非是决定如见发等随一能见虚妄眩翳？唯识既齐，定随一见，其义应等。既许多见，故是相续不决定也。谓立量云：有多相续同一时间于一处所，应定一见余不能见；执唯识故；如多相续，同一时间，于一发等，有见不见。

△下第四难，颂第四句，作用不成。于中有三难，此即第一，翳发等无实用。

复有何因，诸眩翳者，所见发等，无发等用；

复有何因言，通三难问，及申三难竟。论云，余发等物其用非无，通上三难。谓既无实境，许有此识生，有何所以，有眩翳者所见发蝇等无发蝇等用，无眩翳者所见发蝇等有发蝇等用？发有为髻等用，蝇有附食等用也。量云：眩翳所见，应有实用；执无实境此识生故；如余发等。

△下难作用中，此即第二，梦饮等无实用。

梦中所得饮食、刀杖、毒药、衣等，无饮等用；

即供身四事，一、饮食，二、衣服，三、医药，等取第四卧具。然此外加刀杖及毒药，药通二种，有毒无毒故。谓既无实境，许识得生，何故梦饮酒等无醉乱等用，余时饮等有醉等用？量云：梦中饮等应有实用；执无实境此识生故；如余时饮等。

△此下第三难，寻香城等，作用不成。

寻香城等，无城等用；

旧论云干闼婆城，讹也。梵云健达缚，此云寻香。谓中有能寻当生处香即往生，亦名健达缚。其西域呼俳优，亦云寻香，此等不事王侯，不作生业，唯寻诸家饮食等香，便往其门，作诸伎乐，而求饮食，能作幻术。此幻作城，于中游戏，名寻香城，幻惑似有，无实城用。或呼阳焰化城，名健达缚城。诸商贾等，入诸山海，多见阳焰化为城室，于中闻有作乐等声。西域呼作乐者既名寻香，故说此化城名寻香城。谓既无实境许此识生，何故此城无实城用，非寻香城有实城用？量云：此寻香城应有实用；许无实境此识生故；如余城等。

余发等物，其用非无？

先叙三事，无实用已，此通三事，为相例难。谓既无实境，许此识生，何故眩翳所见，无发等用，余发蝇等，有发等用？乃至第三，如前已说。此中举初余发蝇等，等取第二余饮等用，及等第三余城等用。然旧论一一难下，皆自出例，今恐烦广，故总显之。

上来别约四事，难四不成。

△自下第二，于一事中，总为四难，亦结前文。

若实同无色等外境，唯有内识似外境生。

此即牒大乘无境许识起。

定处、定时、不定相续、有作用物，皆不应成。

此文正申难意，四义如前。总立量云：定处时等，皆不应成；说无外色等许此识生故；如余处时等。此中量意，应准上知。

△自下第二，释四难非理。于中有二，初总答不成，后别显不成。此即初也。

非皆不成。

彼言四事，皆不应成；今四皆成，故论说言，非皆不成。然论言俱,或多或少;若言皆,并定三以上,由三以上名多法故。新翻经论,皆准此知。今答四成,故言皆也。

　　△此下别显非皆不成,总有五颂。于中有二:初有二颂,答非不成;后何缘不许下,复有三颂,破外救义。就初段中,文复有二:初之一颂,答别难不成;后有一颂,答总难不成。此即初也。然旧论文,以四难别逐破,颂文作数段释,至下当知。

　　颂曰:

　　处时定如梦　身不定如鬼

　　同见脓河等　如梦损有用(二)

　　初一句颂,答初二难;第二、三句,答第三难;第四句颂,答第四难。至下当知。颂言身者,相续异名。

　　△此下长行文中有其三:初以如梦喻合解处时二难,次解第三难,后解第四难。就初段中,文复有三:初解颂说如梦之言,次解处时俱定之理,后结二定非不得成。此即初也。然旧译家,不闲此义,遂略不翻。

　　如梦,意说如梦所见。

　　梵云伊上声呼之。缚平声呼之,合名梦也。筏,此有二义,一是有义,二譬喻义。今言如梦,显是譬喻。故言意说如梦所见,非谓有梦名伊缚筏。或复有释,梦者能缘其村或园等,梦之所见,梦心所有。今颂略言喻如梦者,显梦所见为二定喻,非能缘梦心为处时同法。恐以能缘为同喻,故今简略也。

　　△次解处时俱定之理。

　　谓如梦中,虽无实境。

　　以一梦喻,喻二理成故。此最初,说如梦中无实境也。然今论师解四外难，非正当难以祛外疑，举世现事，返质外人，傍解前难。此梦境无，经部大乘，彼此共许，故以为喻。

△此下解处定成。

　　　而或有处见有村园男女等物，非一切处。

犹如梦中一种境虽无实，或于是处见有村等，余处不见。故虽一切处皆唯有识，而于是处见终南山，非于余处。应立量云：汝梦于是处见有村等，应非处定；境无实故；如余不见处。然余不见处，例于见处，亦有比量，略不繁述，下准可知。然此虽有世间相违，置汝言故，简宗过也。彼此成已，返解他难。量云：其非梦时，境虽无实，而所见事其处亦定；许如是境皆无实故；如梦中所见。此因言许，无随一失。

△此下解时定成。

　　　即于是处，或时见有彼村园等，非一切时。

梦境虽无实，即于此处或于一时见村园等，非一切时皆恒见有。故于觉位，虽无实境，有时见彼终南山等此识得生，非一切时定恒见有此识得生。比量准前处中可解。

　　　由此，虽无离识实境，而处、时定，非不得成。

此结二定非不得成，以斯一喻成处、时定也。

△自下第二，解第三难。于中有三：初别解如鬼等言，次解相续不定，后结不定义成。今先解如鬼言。

　　　说如鬼言，显如饿鬼。

梵云筏，有二义，如前已说；今显譬喻，非显有义，故言如鬼。或复有释，鬼有二种：一、福德鬼，住此洲西，报与天同；二、薄福德，所见水等，皆为猛火。今以薄福，喻身不定，故如饿鬼。若福德鬼，喻不成故。旧论无此，如前已说。

河中脓满，故名脓河；如说酥瓶，其中酥满。

解颂脓河。河中脓满，得脓河名，非有小脓，名脓河也。如西域中卖酥人说卖酥瓶言，满瓶着酥，并瓶亦卖，言卖酥瓶，非有少酥，言卖酥瓶。旧言酥瓮，脓河亦尔。

△自下正解相续不定。

谓如饿鬼，同业异熟，多身共集，皆见脓河；非于此中，定唯一见。

如多饿鬼，同为恶业，同得恶果，多共一处聚集之时，同见脓河，相续不定，非于脓河，定唯一见，一不能见；如眩翳者，见发蝇等。故虽无实境，相续不定，其义亦成。外道、小乘、经部师等皆信饿鬼同见脓河，故以为喻。量云：同于一时、同于此处，相续不定，其理得成；许无实境故；如饿鬼所见脓河。

然颂脓河，更有等字，等何等法？

等言，显示或见粪等。

由恶业故，所见水等，皆谓粪尿及余血等。《摄论》等云：鬼傍生人天，各随其所应，等事心异故，许义非真实。即此意也。

及见有情执持刀杖，遮捍守护，不令得食。

前解于等，粪脓别事；今此解等，即于脓等，见有有情执持刀杖遮捍饿鬼，守护脓等，不令得食。鬼由恶业，深极饥渴，设虽见脓，亦趣望得，为诸有情遮不令食。一切同见，非唯一见，故喻得成。

由此虽无离识实境，而多相续不定义成。

此结相续不定理成。

△此下第三，解第四难。于中有二：初正解；后结成。此即初也。

　　又如梦中，境虽无实，而有损失精血等用。

如梦中言，如先已说。譬如梦中，梦两交会，境虽无实，而男有损精、女有损血等用。等者，等取肢分劳倦、出汗等用。梦得钱等，其用则无。境虽无实，其眩翳者所见发等无发等用，余见发等有发等用，其理亦成。量云：眩翳非眩翳等所见发等有用无用成；许无实境故；如梦失精等。

　　由此虽无离识实境，而有虚妄作用义成。

此结作用虚妄亦成。上来别解别四难讫。

　　如是且依别别譬喻，显处定等四义得成。

将总解总四难，先结前也。四难既殊，四答亦异。

下总答也。

　　复次，颂曰：

　　一切如地狱　　同见狱卒等

　　能为逼害事　　故四义皆成（三）

言一切者，标宗所明，总解四难，故言一切。故四义皆成，此总结也。余十三字，正答难也。

△此下有三：初别解颂一切字，次正解四难，后总结四义成，配颂三段。

　　应知此中一地狱喻，显处定等一切皆成。

此解颂一切字，以一地狱喻，解四义得成。

下第二段。

　　如地狱言，显在地狱受逼害苦诸有情类。

梵云筏，有二义：一云如；二云有。今取如，不取有。为简于有，故作斯说。复有义者，梵云捺落迦，此云苦器，即是地狱。显如捺落迦受地狱苦者，非如彼器，说如地狱。

△下正解难。

> 谓地狱中，虽无真实有情数摄狱卒等事。

然大乘中，其狱卒等在地狱中作逼害者，非实有情，至下当悉；其掷罪人至地狱者，是实有情，与《俱舍》同。此对萨婆多及经部等，申其正理，不对大众、正量部等申其正理。

下正解难。

> 而彼有情，同业异熟增上力故。

由彼地狱受罪有情因果同故，此显所由。

> 同处、同时、众多相续，皆共见有狱卒、狗、
> 乌、铁山等物，来至其所，为逼害事。

同处者，显处定义，同此处见，余处无故。同时者，显时定义，同此时见，余时无故。众多相续等者，显相续不定，皆共见故。来至其所为逼害事者，显作用成。狗者，乌驳狗也。乌者铁嘴，啄眼睛等乌也。铁山者，即众合地狱等，作羊牛等形来逼罪人。等物者，等取网铁树林刺等蠰狗咤虫等。此中意者，谓地狱中，境虽无实，同处、同时、多受罪者同见狱卒等，来为逼害事。四义既成，故于余时，境虽无实，其处定等非皆不成。量云：余位处定等非不得成；许无实境此识生故；如地狱人等此四事成。然外难中，皆有过失，思求可知，故不繁述。

△第三，总结四义得成，释第四句颂。

> 由此虽无离识实境，而处定等四义皆成。

若言异识实境依他色等，大乘亦许是实；离识之外实有色等，大乘不成。故言离识境无实等，而处定等四事皆成，由此之言。

上来二颂，答非不成。

卷二

△自下三颂，破外救义。于中有三：初之一颂，破摩诃僧祇、犊子部等救义；次有一颂，破萨婆多师等救义；次有一颂，破经部师等救义。

或初一颂，破救如前；次有一颂，正破萨婆多，兼破经部救义；次有一颂，正破经部，兼抑萨婆多令有熏习。然二解中，前说为胜。

就初段中，文复有四：初大众、正量二部救义，二、大乘广破，三、彼复救义，四、论主复破。

何缘不许狱卒等类是实有情？

此即第一，彼部救义。然观文势，诤狱卒等，似是傍义；于下结中，结归唯识，还为正义。今彼部意，狱卒狗等皆有情数，是在地狱有情用故，如捺落迦报。然诸部中，大众、正量说狱卒等是实有情；萨婆多师，虽非有情，然是心外恶业所感，增上大种转变所生，造色形、显、量、力差别；经部师等，虽非有情，然是心外造业之时，唯熏内识，及其受果，乃在心外，大种转变起形显等。今大乘意，亦非有情，造业之时，既在内识，受果之世，在识非余。故今大乘与诸部异。大众部等于此救之。其在地狱行案掷人置地狱者是实有情，诸部无诤。缘者，由也，外人问言：有何所由，不许狱卒实有情数？比量如前。

△下论主答，初总，次别。

不应理故。

此即总也。外人复问：何不应理？

△自下别破。于中有二：初破狱卒等非地狱趣，后破狱卒等非是余趣。就破非彼地狱趣中，略有四义。

且此不应捺落迦摄，不受如彼所受苦故；

此即第一，兼破余趣，正破当趣。简略为言，故云且此。且此不应捺落迦摄，通下四义。此狱卒等，不应是彼恶者所摄，此等不受如彼恶者所受苦故；若狱卒等恶者所摄，如余恶者，应受彼苦。量云：彼狱卒等非恶者摄；不受如彼所受苦故；如人天等。或狱卒等，应受彼苦；许捺落迦摄故；如彼受罪者。《俱舍》第十一：若是有情，此果何处？彼复救言：即地狱中。彼论即以此第四难，难破彼宗，而彼但有一义破之，谓火应烧，同此第四。

互相逼害，应不可立彼捺落迦、此狱卒等；

此第二义。此狱卒等，与彼罪者，互相逼迫。能害众罪者，若俱是彼趣，应不可说彼是受罪者、此是狱卒等。又俱捺落迦，即互相逼害，如何可立彼受罪者、此狱卒等。此中二意，后解为胜。量云：汝狱卒等应不可说为狱卒等，许捺落迦摄故，如受罪者。汝受罪者应不可说为受罪者，捺落迦摄故，如狱卒等。或受罪者应能逼害，捺落迦摄故，如狱卒等。或狱卒等应不能逼害，捺落迦摄故，如受罪者。此四比量，有所简过，并无过失，应一一知。

形量力既等，应不极相怖；

此第三义。其狱卒等与受罪者俱是彼摄，形量大小及与气力，二既齐等，其受罪者应不极怖此狱卒等。量云：彼受罪者应不极怖此狱卒等，捺落迦摄故，如狱卒等。返破量云：其狱卒等亦应有恐怖非自类，彼趣许捺落迦摄故，如受罪者。此中宗法，简无同喻过、所立不成等，应如是知。

应自不能忍受铁地炎热、猛焰恒烧燃苦，云何于彼能逼害他？

此第四义。若狱卒等是捺落迦摄，应自不能忍受铁地恒烧燃苦；既不能忍受，云何于彼处能害余恶者？恶者彼趣不能忍苦，不能害他；此亦彼趣，应自不能受忍彼苦，不能害他。量云：其狱卒等应自不能忍受铁地炎热猛焰恒烧燃苦，许捺落迦摄故，如余造恶者。

若狱卒等不能忍苦，此量有相符者，应更立量云：其狱卒等应不能害他造恶者，由自不能忍热铁地等故，如余造恶者。云何于彼能逼害他，亦结上次三难。《俱舍》十一：彼复救言：此由业力所隔碍故，或感异大种故不被烧者。此狱卒等造业既同余受罪者，云何独由业火不烧害？应立量云：其狱卒等应火烧害，许地狱趣故，如受罪者。故今总说应自不能受铁地等。

由此四义众多比量，其狱卒等非彼趣摄。

彼若救言：若是彼趣有如是失，是余趣者，竟何有过？

△自下第二，破是余趣。

非捺落迦，不应生彼。

非捺落迦造恶之者，不应生彼捺落迦中；非彼趣故；如人天等。

△大众、正量既见破非捺落迦摄，更不能救。见破非余趣，第三救言：

如何天上现有傍生？地狱亦然，有傍生、鬼
为狱卒等。

如天上处，处虽是胜，犹有恶趣傍生等生；其下地狱，虽恶
者处，何妨得有傍生、鬼生为狱卒等？其人处等，诸趣通生，理
极成立，非上胜趣，且举天中。量云：其地狱中应有余趣生，许
善恶趣随一摄故，如上天中有傍生等。鬼处有傍生，理无疑难，无
不定失。彼师意说，狱卒是鬼，狗、乌等是傍生，故论说言有傍
生、鬼为狱卒等。旧论无等字，乃云畜生、饿鬼别类等生地狱中
名为狱卒者，不然。

△此下第四，论主复破。初总，次别。

此救非然。

此总非也。

△此下别非。

颂曰：

如天上傍生　地狱中不尔

所执傍生鬼　不受彼苦故（四）

初二句颂，显喻不成；下二句颂，显不成理，与外比量立宗
中法差别相违。彼宗法言，有余趣生，名法自相。此上所有受彼
器果、不受器果等，是法差别。今但与彼宗差别为违：天中余趣，受
彼器果，汝宗所执地狱中余趣，不受器果故。

诸有傍生生天上者，必有能感彼器乐业，生
彼定受器所生乐。

释初句颂。若龙、麟等生天上者，唯在欲界地居天中；其鹤、
凤等，亦通欲界空居天有。此等必有共业是善，能感彼天外器乐

业；既有果生，故能受彼器所生乐。此显他宗同喻差别，下成彼宗法之差别。

　　非狱卒等受地狱中器所生苦。

　　其狱卒等生地狱时，不受地狱器所生苦，云何与彼天傍生同？前他立因，既能成彼余趣生地狱，如是亦能成狱卒等受地狱中器所生苦。量云：其狱卒等应受所居外器生果，许善恶趣随一摄故，如上天中有傍生等。此中简略，应须审知。此释颂中下之三句。

　　故不应许傍生、鬼趣生捺落迦。

　　此总结，释第二句颂。捺落迦者，此云苦器，即地狱是；言地狱者，顺此方说。由此理故，不应许傍生及与鬼趣生地狱中。

　　然大众、正量本许狱卒等是实有情，然是地狱趣，今非之云非傍生、鬼者，是设遮言，或破转计。彼复难言：若非有情，法救善现所说，复云何解？心常怀忿毒，好集诸恶业，见他苦欣悦，死作琰魔卒。今解之言：琰魔王使诸罗刹婆掷诸有情置地狱者，名琰魔卒，是实有情，非地狱中害有情者。故地狱卒，非实有情。

　　△自下第二，破萨婆多等诸师救义。于中有二，先救后破，此即救也。若依旧本，先显颂文，正破外义；于后长行，方申外义；申外义已，略释颂文。今则不然，先有外救，后举颂破，将为稳便。

　　若尔，应许彼捺落迦业增上力生异大种，

　　萨婆多等云：若狱卒等，非有情尔；应许造恶者，先业增上力，于今此生中，生别异大种，非内身摄、非有情数、非如无情无有作用，此实无情摄，似有情数，名异大种。

起胜形、显、量、力差别，于彼施设狱卒等名，

其异大种，起胜形色，身有粗细；起胜显色，身或赤黑；起异貌量，或长或短；其触处力，或强或弱，种种差别。此形显等，望受罪者，皆为强大，故俱名胜。此形显等，皆业所感，于此等上，施设狱卒、狗、乌等名。于无情物，假立情名，说为施设。此显法体非有情数，但是心外业生大种所起形等，假名施设为狱卒等。

自下显此有胜作用所由。

为生彼怖，变现种种动手足等差别作用。

为造恶者起怖畏故，知其恶业招此恶果，其无情物大形力等，由业所感，变现非一动手足等差别作用，或斩或斫或剥。此显作用，次略显事。

如羘羊山，乍离乍合；

众合地狱有二山，势犹羘羊。相去稍远，名之为离；罪人居中，其山相逼迫令苦楚、碎骨烂肉，名之为合。既合复离，罪人复活。如是离合，经无量时，令其罪人，受诸楚苦，碎而复合。旧言羺羊，显其黑色；今言羘羊，事如相斗。余则不然，非羘羊等亦名羺羊故。依其梵本，但言羘羊。

刚铁林刺，或低或昂。

此锋刃增中，第三铁刺林。谓此林上，有利铁刺，长十六指。罪人被逼，若上树时，其刺即低，向下而刺；若下树时，其刺即昂，向上而刺；有铁嘴乌，揬啄有情眼睛、心、肝，诤共而食，皆是罪者业生大种差别转变。然此林刺，实是非情，非此所诤，但诤狱卒及铁嘴乌、羘羊山等。因举苦具，显其恶相，非铁林刺亦此所论。上来总是萨婆多救义。

△此下破救。初总非，后理逼。

非事全无，然不应理。

然此所说业果等事，事皆有故，非是全无；然识外实有体，总名不应理。体用少有，名非全无；非内识变，说非应理。

△自下理逼。

颂曰：

若许由业力　有异大种生

起如是转变　于识何不许（五）

前三句颂，牒彼外宗；第四句颂，正申义理。汝宗既许业招大种起如是形量，有作用转变，何不许此在识非余？如是者，形显量力等也；转变者，动手足等作用也。合此二种，名能所造。

何缘不许识由业力如是转变，而执大种？

此中总释颂之大纲，总逐外人，义如前说。然无比量，若为共因，比量亦得。量云：此狱卒等物，皆不离识等，许所知故，如心心所、真如等法。不离识有，无不定失。上来已破萨婆多讫。

△自下经部为伏救义，我宗说彼亦是非情，然造业时，熏习种子在内识故，可不离识；令得果时，其狱卒等识外大种转变差别，不在识中，与余宗异。或重抑萨婆多，令有熏习。然前解胜，以萨婆多无熏习故。下广破。

复次，颂曰：

业熏习余处　执余处有果

所熏识有果　不许有何因（六）

上二句颂牒，下二句颂难。业熏习余处者，谓造业时，熏在识中，或色根等中，果起之时，不在识内。斯业熏识，望果异故，名为余处。执余处有果者，果者，在识等外，与业熏习处所异故，故言汝执余处有果。所熏识有果者，业所熏识有此业果。不许有何因者，因言所以，不许此果在业所熏内识之中，有何所以？有因之识，应有果故。然彼熏习，或在根中，或在识类；今取彼宗熏习内识，与己相似，以为难故，但言熏识。

执捺落迦由自业力，生差别大种，起形等
转变。

此牒彼义。其经部等，与萨婆多同。形等者，等显等；转变者，作用也。

彼业熏习，理应许在识相续中，不在余处。

亦经部计。识非常一，故言相续；或相续者，趣不断义。然经部师，亦许熏色根及其识类。但许熏识，以遍三界，故言在识不在余处。或抑萨婆多，令业熏内识：过去、未来体非实有，非现摄故，如龟毛等。现摄即是现在、无为，现有体故。若言现在，不摄无为。既无过去，又无熏习，先业如何能招异熟？由此故知，业熏内识，不在余处能招当果。牒彼计已，下正申难。

有熏习处，尔便不许有果转变；无熏习处，翻
执有果。此有何因？

识有熏习，汝便不许即此识中，有异大种形显等果作用转变；在识之外，都无熏习，异于业处，翻执有果，此有何因？因言所以，业熏在识，果在识外，故名为翻。量云：汝恶业熏习，应不在识，地狱业果随一摄故，如地狱果。其地狱果，在识非余，非是余趣业果摄故，或地狱业果随一摄故，如地狱业。此因有简，应如理知。

有教为因。

经部等答：有教为因，证知识外有实色等。此总答也。旧论云：阿含是因。正云阿笈摩，此翻为传，义当为教。

谓若唯识似色等现，无别色等，佛不应说有色等处。

此显教因。若一切法唯有内识，此识能变似色等、眼等十处相现，无离识外实色等处，世尊经中亦应不说有色等十种处。眼等、色等，自体变碍，名有色等处。谓经中说：云何为眼？谓四大所造，眼识所依，净色为性。乃至广说。

△就第一段，自下第三，次有三颂，释外所引有色等教，引教证不成，故知唯有识。初之一颂，引教证色有别意成唯识；次有一颂，引教证色有密意成唯识；后之一颂，引教证色有胜利成唯识。

此教非因，有别意故。

今总非云：此教非因。何故非因？有别意故。云何别意？

颂曰：

依彼所化生　世尊密意趣

说有色等处　如化生有情（七）

上三句显别意，第四句引喻成。第一句显机宜，第二句能化意，第三句说色等。由所化宜，其能化者，十二处中，说有色等十有色处。如佛亦说化生有情，即是中有；为化断见，说有中有，非是实有化生有情。经部中有，说如大乘，但假有情，无实我故。

此中所言密意趣者，意趣有四：一、平等意趣，如佛说我曾名胜观；二、别时意趣，如说愿生极乐界等；三、别义意趣，如说诸法皆无性等；四、众生意乐意趣，如说一善根，或时称赞，或时毁訾，乃至广说。今约第四众生意乐趣，说有色等十处，故名为密意；非许实有，说色等处。

> 如佛说有化生有情，

此释第四能成喻句。有断见外道闻说无我，来问佛云：我体既无，谁往后世？今佛世尊，为答断见者，说有中有：化生有情，能往后世；非为实有，说化生也。

若非实有，佛如何说？

> 彼但依心相续不断，能往后世，密意趣说，不
> 说实有化生有情。

以诸色等断或不续，诸转识等或断或隐，唯第八心相续不断，能从前世往于后世，结生不断。佛观此心密意，说有化生有情，非现实有化生有情乃复说也。此举极成，以况二家不极成法。

问：何故化生知非实有，密意趣说？

> 说无有情我，但有法因故。

由佛经中说，无有情我及生者等八种事，但有其法，但有其因，从因所起。因即所由，所从生法，一切名因，都无实物。故知化生，密意趣说。然旧论偈说：无众生及我，但法有因果。今勘三梵本，并无果字，然有故字。由此经故知，说化生是密意教。若无故者，其理不成，无因成故。

> 说色等处，契经亦尔。

此合法喻。若尔，如何？

> 依所化生，宜受彼教，密意趣说，非别实有。

解上三句颂。观宜密说，非别实有色等十处。机宜如何？所

化众生执有实我，为破彼我执，说有色等十，令除一实见故。旧论颂云：色等入有教，为化执我人。即此颂云依所化机宜说色等也。

依何密意，说色等十？

外人复问：言佛密意说有色等，依何密意？

颂曰：

识从自种生　似境相而转

为成内外处　佛说彼为十（八）

此即第二说密意颂。旧论说言：故佛说此二。以内外处，名之为二。似有色处，故言为十，亦不相违。谓六内识，从自种子生现行时，其现行识，变似色等境相而转，非外实有色等十处；为破实我，成内外处。世尊说有色等十处，是此中意。

此说何义？

此释颂文，故假问起。

似色现识，从自种子缘合转变差别而生。

释初二句颂。似色现识者，谓即眼识，能现似色而转之识。无实色故，名为似色；识现似色，故说眼识名似色现识。从自种子缘合转变差别生者，从能生己识体之种，由境界等诸缘合已，异本相续，名为转变。此了色识，从自种子缘青黄等种种行差别而生。

佛依彼种及所现色，如次说为眼处、色处。

依眼识种，说为眼处；依于眼识所现似色，说为色处。种名为根，相名为色，故言如次。

如是乃至似触现识，从自种子缘合转变差别

而生，

如是者，牒眼识。乃至者，略中也，谓略中间耳鼻舌三识也。举五识中初后二识，以作其法，准余可知。

佛依彼种及所现触，如次说为身处、触处。

此亦如前。此意即是五有色处种名为内根，境名为外处。《观所缘论》亦作是说：识上色功能，名五根应理，功能与境色，无始互为因。功能即是种子异名，亦说五根体即识种。

《成唯识论》第四卷中略有二说。有说眼等五根即五识种，无现眼等为俱有根，唯自因缘生己种子，名为眼等。即引此颂及《观所缘》以为诚证。《观所缘》说第八识上五识种子名五根故，又说常与境互得为因故。其五外境许有依他色处，无诤。其陈那等依此唯识，于观所缘作如是说。

有说非理，若五色根即五识种，十八界种应杂乱成，如是便有十一过失。广如彼说。然护法论师假朋陈那执，复转救言：能感五识增上业种，名五色根，非作因缘生五识种。其安慧等复破彼言：应五色根非无记故，如是便有十二过失。亦广如彼。

然陈那等，即随文解，更无异释。其安慧等释此等文云：种子功能名五根者，为破离识实有色等。于识所变似眼根等，以有发生五识用故，假名种子及色功能，非谓色根即识、业种，破经部等心外实色。由未建立有第八识，若不说种为眼等根，眼等便离六识而有，故说种子为眼等根。故今于此有二师释，于中一一更别开义，如彼疏解。

依斯密意，说色等十。

此总结也。依破于我，于识种子，说为眼等；于识所现现行似色，名为色等。非离于识别有眼等，眼等不离第八识故。

△此下第三，辨教胜利。

此密意说，有何胜利？

外人复问：如是说教，有何胜利？胜利者，果利也。

颂曰：

依此教能入　数取趣无我

所执法无我　复依余教入（九）

上二句说人无我胜利，下二句说法无我胜利。补特伽罗名数取趣，以能数数取诸趣故。有其果位，亦立因名。由无实我，故数取趣。

依此所说十二处教，受化者能入数取趣无我。

此释上二句颂，总立宗也；次当广释。知十二处无实我故，受化者入有情无我。若言人者，趣唯一故。

谓若了知，从六二法，有六识转，都无见者乃至知者，

六二法者，即十二处。内六处、外六处，谓根及境。由说十二处教，若知六识从根及境六二法生，了知自身唯眼能见，都无见者；乃至了知唯意知法，都无知者。此中见者等，外道等执实我能故。了知根境，除我执也。

应受有情无我教者，便能悟入有情无我。

二乘根机者，名为应受有情无我教。由知唯有根境识等，无实我故，二乘根者便入有情无我正理，除计我执，得二乘果。是密意说十二处教之胜利也。

　　复依此余，说唯识教，受化者能入所执法
无我。

　　此释下二句颂，总立宗也，次当广释。文有其三：一、释颂，二、
申难，三、正答。此初也。说一切法唯有识者，是有情无我密意
教余，故受化者能入一切法无我。我，主宰义；知法无主宰，名
法无我也。

　　谓若了知唯识现似色等法起，此中都无色等
相法，

　　由说唯识教，若能了知一切法唯识现，似色等诸法生起，无
实色等，了知此中都无色等体用相法，除法执也。

　　应受诸法无我教者，便能悟入诸法无我。

　　菩萨根机名为应受法无我教。由知诸法唯有识故，菩萨根者
便能悟入诸法无我，除计法执，得成佛果，是诸法空唯有识教之
胜利也。然佛世尊有三时教，此唯识教，第三时说，令得佛果，故
非密意；有情无我教是第一时教，令得二乘果，故名密意说。

　　若知诸法一切种无，入法无我，

　　外人既闻诸法皆空说唯识教，自下设难。此牒大乘义，下方
申正难。若能了知一切诸法一切皆无，得入于法无我理者。

　　是则唯识亦毕竟无，何所安立？

　　此正难也。既言一切诸法皆无，即无有识；唯识既无，今此
论中，何所安立，得入佛果？其安立者，即牒论主初立宗言。问
义同前释。下论师答。

　　非知诸法一切种无，乃得名为入法无我。

　　非是令知一切种类唯识亦无，乃得名为入法无我，意存二性

故。若非知一切种无，令知何等？

　　然达愚夫遍计所执自性、差别诸法无我，如
是乃名入法无我；

二乘、异生诸愚夫等，起计所执自性诸法、差别诸法以为实有，即是诸法体及用也。令知此所执性，体用都无，名入法无我；非知真俗、凡圣等境亦都无故，名入法无我。

　　非诸佛境离言法性亦都无故，名法无我。

诸佛正体、后得二智所知诸法，谓依他性、圆成实性，二性非无。此之二性，性离言说戏论所执，非谓知此二性亦无入法无我。即于三性，但知初无，余二性有，名为唯识入诸法空。亦菩萨境，但言佛者，从胜人说。

　　既尔，若执唯识是有，应得入于诸法无我？

　　余识所执此唯识性，其体亦无，名法无我。

若执唯识，亦计所执；除入法空，名法无我。若不执时，此唯识体，性离言故，非除入空。

　　不尔，余识所执境有，则唯识理应不得成，

若所执唯识非法执，尔者，此所执境，体既非无，应非唯识。以实执有，犹不遣故。

　　理犹未晓，其义如何？

　　许诸余识有实境故。

以执唯识识，是执法识余，名诸余识。此既有实境，如何名唯识？亦我宗中识，无心外实有之境，名为唯识。故执唯识，亦法执收。《成唯识》说：若执唯识，亦是法执。

　　由此道理，说立唯识教，普令悟入一切法

无我。

即此总结经论二教，由于此中所有道理，佛说唯识之教，我立唯识之教，普令有情入法无我。或我说我立，二俱双结，名为说立，非说是经。

非一切种拨有性故。

由有唯识，无计所执，入法无我；非是一切种唯识等亦无，能入法无我。所以者何？拨有性故。依他、圆成二性是有，若说为无，便是邪见，拨于有性故，此不能入法无我。许有唯识，无计所执，名为正见，入法无我；不拨于有，名处中道，契真正理。此意即违清辨等也。

卷三

△第一段中，自下第四，返破他宗，外境非实有，证知唯有识。于中有三：初小乘等因前起问；次举颂下，论主正破；后已辨极微非一实下，结归唯识。此即初也。

复云何知佛依如是密意趣，说有色等处，

先牒大乘前所说意，后方申难。论主前说：依生无我者，佛说色等十。今牒之：云何知如是密意说有色等处？

△自下外人正为征问。

非别实有色等外法，为色等识各别境耶？

非离于识别有实体色等外法，为色等识各别境耶？其眼等识缘色等故，变似色等，名色等识；非说色等，名色等识。

△自下第二，论主正破，合有五颂。于中有三：初之一颂，合破小乘、外道二种；次有三颂，正破小乘；后有一颂，正破外道，设

破小乘。此即初也。

颂曰：

以彼境非一　　亦非多极微

又非和合等　　极微不成故（十）

就初颂中，第一句破外道，下三句破小乘；破小乘中，第一句破古萨婆多毗婆沙师，下二句破经部及新萨婆多顺正理师。又非和合等，立宗；极微不成故，立因。验此兼破极微、和集。此《唯识论》，世亲年迈，《正理论》后，方始作也，至下当知。

△自下破执。于中有三：初假问起，次叙外执，后正破之。

此何所说？

此假问也，体例如前。

△此下叙执。

谓若实有外色等处与色等识各别为境，

外道、小乘若执实有离识之外有色等处，与缘色等能缘之识各别为境。此即总叙小乘、外道遍计之义。

自下别叙。

如是外境，或应是一，

此外道计，执色等法，体唯是一。

如胜论者，执有分色；

此显执师是吠世师迦，此云胜论。造此论师名胜论者，释此立名，说斯缘起，如余处辨。此师本计有六句义，后有末执立十句义，如《成唯识》。然六句者：一、实，二、德，三、业，四、有，五、同异，六、和合。实中有九：谓地、水、火、风、空、时、方、我、意。

其地水火风是极微性，若劫坏时，此等不灭，散在处处，体无生灭，说为常住，有众多法，体非是一。后成劫时，两两极微合生一子微。子微之量，等于父母，体唯是一；从他生故，性是无常。如是散极微，皆两两合生一子微，子微并本，合有三微。如是复与余三微，合生一子微，第七其子等于六本微量。如是七微复与余合，生一子微。第十五子微，其量等于本生父母十四微量。如是展转成三千界。

其三千界既从父母二法所生，其量合等于父母量，故三千界为识等境，体唯是一。然色是火德，乃至触是风德。眼见色时，不得风大，得地水火，以于色中无风相故。耳鼻舌三，得声香味时，得三亦尔。唯身得触时得四大，以于触中有风大故。意缘一切。故有分色为眼识等境，体唯一物。其子粗微，名为有分，有细分故；其本细微，但名为分，不有他故。广叙此执，如《成唯识》。

或应是多，如执实有众多极微各别为境；

下破小乘。今此先叙古萨婆多毗婆沙义。此师意说，如色处等，体是多法，为眼识境。所以者何？其一一极微，体是实有，合成阿耨；阿耨是假，故此以上皆非实有。五识既缘实法为境，故不缘于阿耨以上和合假色。故色处等为眼识等境时，其实极微一一各别为眼识等境，不缘假故，以有实体能生识故。

或应多极微和合及和集，

此叙经部、新萨婆多正理师义。经部师说多极微和合，正理师说多极微和集。

如执实有众多极微皆共和合、和集为境。

此即广叙。谓经部师，实有极微非五识境，五识上无极微相故；此七和合，成阿㝹色以上粗显，体虽是假，五识之上有此相故，为五识境。一一实微既不缘着，故须和合成一粗假，五识方缘。故论说言：实有众微，皆共和合。

其正理师，恐违自宗眼等五识不缘假法，异于经部；若顺于古，即有陈那五识之上无微相故非所缘失。遂复说言：色等诸法，各有多相，于中一分是现量境，故诸极微相资，各有一和集相，此相实有，各能发生似己相识，故与五识作所缘缘。如多极微集成山等，相资各有山等量相，眼等五识缘山等时，实有多极微相资山相，五识并得，故成所缘；不尔，即有非所缘失，许有实体，但为缘故。故论说言实有众多极微皆共和集。广如陈那《观所缘论》及《成唯识》第一卷说。

然旧唯识，但有鞞世师及古萨婆多义，其和合、和集文但说一，谓邻虚集色，仍意难知，文亦难晓，于下破中，言非邻虚聚集成尘。披者自知，岂如今论。

△自下第三，一一破执。

　　且彼外境，理应非一，

先破外道，未破小乘，故言且。彼所执外境，理应非一，释颂初句。此即总非，次显非理。

　　有分色体，异诸分色，不可取故；

所执是一粗有分色，异本极微实有体者，诸有分色体不可取故。如山地等，一一段别，即是分色，岂离于此，别有一实粗有分色？应立量言：汝有分色非异分色，异诸分色不可取故，犹如分色。汝若又言，谁谓有分异于分色，是不可取，因随一者，应更破云：汝有分色，定非异于诸细分色，汝宗自许实句色故，如细分色。或于前因，应置许字：我意自许异于分色，不可取故，无随一失。此论言略，遂无许字。或应此论，但述其宗，略无因喻。谓立宗言：汝有分色体异汝诸分色实不可取，许实句色故，如细分色。论故字者，乘文便说，由此比量亦无过失。

△下破小乘，释颂第二句。

　　理亦非多，

此即总非古萨婆多。自下别破。

　　极微各别，不可取故；

此中别破。汝言极微一一各别，为五识境，此定不然；极微各别，眼等五识不可取故。然汝自宗，异生等眼不见极微，五识之上不现其相，如何说极微各别为境？应立量言：各别极微非五识所缘，眼等五识不可取故，如眼根等。故此论中，极微各别，但是有法；不可取故，但是其因；略无同喻及所立宗。或应量云：聚色多极微，非五识所缘，极微各别，五识不取故，如眼根等。

论有宗言及因，《观所缘论》约所缘缘，以立量破。所缘缘者，谓能缘识带彼相起，及有实体，令能缘识托彼而生，具二支义。色等极微，我非许有。设有实体，能生五识，容有缘义，然非所缘；如眼根等，于眼等识无彼相故。遂立量云：极微于五识，设缘非所缘，彼相识无故，犹如眼根等。彼言虽别，意与此同。

《成唯识论》第一卷说，小与此同。彼论说言：非诸极微共和集位，可与五识各作所缘，此识上无极微相故。设彼救言：极微各别有和合相，为五识境。和合相者，即似一相，此相是用大。于本极微，用不离体，体既实有，成所缘缘。彼论破言：非和合位与不合时，此诸极微体相有异，故和合位如不合时，色等极微非五识境。然更有救，复有别征，如《成唯识》第一疏说。

△下破经部、正理论师。

> 又理非和合或和集为境，

此即总非，下自别破。

> 一实极微，理不成故。

经部等极微有一实体，唯意识境；萨婆多师等亦有一实体，十处所摄，六识之境。然汝所执一实极微，我不许有。理既不成，故说极微和合、和集，义皆乖反。

然《观所缘论》破经部师言：色等和合，于眼识等上有彼相故，设作所缘，以粗显故，识现相故；然无缘义，无实体故；如眼错乱，见第二月，彼无实体，不能生故。遂立量云：和合于五识设所缘非缘，彼体实无故，犹如第二月。

《成唯识论》复破彼言：非和合相异诸极微有实自体，分析彼时，似彼相识定不生故。彼和合相既非实有，故不可说是五识缘，勿第二月等能生五识故。此中难意：若有实极微，容有和合假；能合实非有，所合假成无。

观所缘缘论破正理师言：如坚等相虽是实有，于眼等识容有缘义，而非所缘，眼等识上无彼相故。色等极微诸和集相，理亦应尔，彼俱执为极微相故。遂立量云：极微和集相，设于眼等识，是缘非所缘；许极微相故；犹如坚湿等。执眼等识能缘极微诸和集相，复有别生。瓶瓯等觉相，彼执应无别；非形别故别，形别非实故。又不应执极微亦有差别形相，所以者何？极微量等故，形别唯在假，析彼至极微，彼觉定舍故。

《成唯识论》复作是说：彼执不然。共和集位，与未集时，体相一故；瓶、瓯等物极微等者，缘彼相识应无别故；共和集位，一一极微，各各应舍微圆相故；非粗相识缘细相境，勿余境识缘余境故，一识应缘一切境故。此论但有破本极微既非实有，所成和集理实不成。种种推征，如余论说。

　　△自下广释极微不成。于中有三：初问不成，次答不成，后申正义，总结不成。此即初问。

　　云何不成？

　　外人既见非其极微，一实不成，有随一过，遂问论主：云何不成？

　　△次答不成。总有三颂，别破小乘。于中有二：初之二颂，破极微有合无合不成；后之一颂，破极微有分无分不成。就初段中，复分为二：初答合等不成，后结不成。答合等不成中，既有二颂，复分为二：初设答不成，后破救不成。

　　颂曰：

　　极微与六合　　一应成六分

　　若与六同处　　聚应如极微（十一）

　　初中二难：上之二句，难极微合，应成六分；下之二句，难极微同处，聚应如极微。如阿拏色，合七极微成，中有一极微，外边有六。中极微若与外六极微合，所合既六，能合极微应成六分。若与极微更无分故，不相合者，六对之时，便相糅住同一处所；既同一处，阿㮏色等，各各应如一极微量。

　　若一极微，六方各与一极微合，应成六分，

　　释上二句颂。此设破他，非本宗义。中间极微，四方上下，有六极微，合中间极微，应成六分。所以者何？

一处无容有余处故。

显成六因。谓中间极微东极微处，无理容有余五方处五极微故。如是乃至中间极微下方极微处，非余五处。中间极微所合六异故，中间极微应成六分。应立量云：中间极微应成多分，一处无容有余处故，如粗聚色。或于颂中，亦成比量：中一极微应成六分，与六合故，如粗聚色与六色合。然颂唯宗因，略无同喻。

一极微处若有六微，应诸聚色如极微量，

此释下二句颂。若言极微无方分故不相合者，中间极微既与六合时，既应互相糅同一处所；中一微处既与六微同处而住，应阿㮈等诸粗聚色如极微量，更不增长，即微处故。所以者何？

展转相望，不过量故，

显诸聚色，如极微量。以一与六，展转相望，量不相过，故诸聚色，如极微量。应立量言：汝诸聚色应如微量，量不过微故，如一极微。或于颂中，亦成比量：汝聚色量应如极微，即微处故，犹如极微，即同无异。然颂下说如极微言，通宗中法及同法喻，义不违故；或唯是法而非同喻，文势异故。其宗、因等，义准应配。

则应聚色亦不可见。

若许聚色量同极微，其诸聚色应不可见，量如微故。又立量言：汝粗聚色应不可见，量如微故，或即微处故，犹如极微。此中说宗，因如前说。然合与同处，此之二难，皆是设遮，非为本计。

迦湿弥罗国毗婆沙师言：非诸极微，有相合义，

萨婆多师既见前破，设遮彼义，遂作是言：非诸极微，有相合义。此立宗也。然此本师，亦不相糅同一处所，定无是事。今

于此中，且但遮合。世友说：极微相触，即应住至后念。大德说：极微实不相触，但由无间，假立触名。若异此者，微有间隙，中间既空，谁障其行，许为有对？合之与触，名异义同。

迦湿弥罗，北印度境，《毗婆沙论》在此国造，因以为名，显此论因，如余处说。毗婆沙者，婆沙，说也。毗有三义：一、胜义，此论决定胜余论故；二、异义，于一部中诸师异说故；三、广义，于一一义中，诸师广说故。

　　无方分故，离如前失；

显不合因。若有方分，可说有合，得成六分；既无方分，不得相合，故离前来遮破我失。

　　但诸聚色有相合理，有方分故。

阿耨色以上诸大聚色，可有相合，有方分故，可成六分。聚色亦成，即显聚合许有六分；极微无合，无分义成。《俱舍论》云：又和合色，许有分故，相触无失。触之与合，义一名异，此名为聚色，彼名和合色。

　　此亦不然。

此总非，下理显。

△自下正破极微不成。

　　颂曰：

　　极微既无合　聚有合者谁

　　或相合不成　不由无方分（十二）

于中有二：上二句，但正征诘；下二句，设破转救。汝说极微既无合义，极微即聚，聚有合者，非微是谁？或若聚色亦无相合，故知不由无方分故极微不合，聚有方分亦不合故。

今应诘彼所说理趣。

将释上二句颂，先发端标起。此中无难，但有征诘外人所说无合理趣。理谓义理，趣谓意趣，双征义意，故诘理趣；或趣即理，理是能缘意所趣故。

既异极微，无别聚色，极微无合，聚合者谁？

初二句牒，下二句诘。若异极微，有诸聚色，可言聚合，极微合无；既异极微，诸聚非有，言聚有合，其合者谁？谁者，问也，问聚合者体是谁也。助立量云：聚应无合，即极微故，犹如极微；极微应合，即诸聚故，犹如聚色。

若转救言：聚色展转亦无合义，

此非正救。以彼师宗，许聚合故。言聚合者，是设为救。若诸聚色展转但有无间生至，假名为合，不相逼近，名无合者，彼师亦说。

则不应言，极微无合，无方分故。

此中总破正设二救。汝之聚色，既不相合，则不应说，以诸极微无方分故，极微无合。所以者何？

聚有方分，亦不许合，故极微无合，不由无方分。

此重显成，破聚无合。汝之聚色许有方分，亦不许相合，返显成立极微无合不由无方分；若由无方分，执极微无合，聚既有方分，聚色应有合。

此中乃有法之差别，及有法差别，随一不成，非遍是宗法，同喻能立不成，异喻所立不遣，合有六过。所以者何？彼立量云：如我所说极微无合，无方分故，如心心所。实微无合、非实微无合，是法差别。作实微缘性、不作实微缘性,有碍、无碍,名有法差别。此因非但能成无合,如是亦能成无合宗法、非实微无合,及成有法作非实微缘性,及无质碍,若说汝实微无方分故,他随一不成。若说我假微无合无方分故,因不遍宗法,我说假微有方分故。若以聚色且无合故,为微同品,能立不成,说诸聚色有方分故。若以聚色有方分故,为因异品,所立不遣,以诸聚色虽有方分亦无合故。此中亦有如电、日等无常同品,勤勇之因,于此无故,同喻之中,能立不成。以电、日等为因异法,有无常故,所立不遣,为例难者,此亦不然。今他但以聚为极微,异法之喻无合故,便有所立不遣之失。非声无常宗,电等为异法,故无所立不遣之过。故今此论但显他量有此所立不遣之失。自余五过,今助显之,非本论意。善因明者,当自详之。

　　是故一实极微不成。

　　此破小乘微不成中,结不成也。是者,指前;故者,所以。由前我说量过等,所以汝之所执一实微不成。

　　上来二颂,破诸极微有合无合二俱不成。

　　△自下一颂,破外极微有分、无分二俱不成。于中有三:初发论端,生不成理,次外返征,后举颂下,正显不成。发论端中,初结于前有合、无合,后正生下有无分失。

　　又许极微合与不合,其过且尔。

　　此结于前合、无合也。汝宗所许一实极微,汝许相合及不相合,其过且如我所说尔。结上所明,舍不论也。

　　若许极微有分无分,俱为大失。

　　此正生下有无分失。谓说极微更有方分及无方分,俱有大失。

所以者何？

此外人问有何所以，俱有大失。

颂曰：

极微有方分　理不应成一

无应影障无　聚不异无二（十三）

上二句显有分失，下二句明无分过。初之二句，文意可知。下二句中总有三破。若无方分，应无发影，应无为障。颂第三句，有此二难，破无方分；颂第四句，破外救义：若诸聚色不异极微，极微无二，其诸聚色应无影障，重成前义，至下当知。然旧论颂，乃分为三，初二句为一，下二句各一。

以一极微六方分异，多分为体，云何成一？

此释上半颂，难有方分，正破经部，亦设遮萨婆多师。今以理通，令有方分，非彼本计。如阿拏色，中间一微所对六方，诸分各异，此一能对，体既成多，云何成一？以可分故，如前已难。与六微合，令成六分。故此破一，有分为因。

应立量云：所执极微不应成一，必更可析，有方分故，如诸聚色。若微不合，但可无间，无多分者，中间之微，随不相合，所拟东处，非西等处，六面既殊，还应成六，不成一也。所执极微应不成一，所拟东处非西等故，如诸聚色。无方分故，若所拟东非是东者，应拟西等亦非西等，若尔，此微应不成色，不可示其东西等故，如心心所。

《成唯识》说：又诸极微，随所住处，必有上下四方差别，不尔，便无共和、集义。和破古萨婆多师，集破新萨婆多正理论师。又有方分，必可分析，便非实有。

下破萨婆多无方分义，释颂第三句中初无字。

　　若一极微，无异方分，

此叙彼计。彼由极微，极微圆故，能对之东，亦非是东，余方亦尔，无异方分，以极微细，其相圆故。

此下正破，释颂第三句应影无字。

　　日轮才举，光照触时，云何余边得有影现？

且如日轮才举，自体放其光已，照触柱等东边一面，云何西边得有影现？此虽理难，义犹未显有何所以，不许有影。

　　以无余分，光所不及。

以微所对，东非东等，日照东时，即是照于西等之处；既无极微随有一边光所不及，故照东时西应无影。

应立量云：日照柱等时应无有影，无东西等诸方分故，如虚空等。

《成唯识》说：若无方分，则如非色，云何和合承光发影？承光发影处既不同，所执极微定有方分，以现量破。

　　又执极微无方分者，

重牒彼计，释第三句颂初一无字义。意即显此一无字，通影及障二难牒计。

　　云何此彼展转相障？

此正申难，释第三句颂应障无字。如以二手相击触时，东既非东等，云何左右手展转得相障？此由未晓不障所由。

　　以无余分他所不行，可说此彼展转相碍。

以微所拟东非东等，左手之东，即是西等，无此一分非是左手他不行处；以西即东故，树东应至西，故二相击，定无相障。行者，往也。应立量云：手相击等应不相障，无方分故，如虚空等。此无方分亦不相障，故以为喻。《成唯识》说：又若见触壁等物时，唯得此边，不得彼分；既和合物，即诸极微，故此极微必有方分。

　　既不相碍，应诸极微展转处同，

　　前破无分不得相碍，今破不碍令处应同。此极微处，应即是诸极微处所，不相碍故。既尔，此色应不成粗，皆相入故。

　　则诸色聚同一极微量，过如前说。

　　若许同处，则汝所言诸聚色法同一微量，应不成粗；不成粗故，过如前说。前说者何？谓若六同处，聚量应如微，则应聚色亦不可见。比量如前，故不重述。

　　云何不许影障属聚，不属极微？

　　此外人救。我说极微无有方分，汝便难言应无影障。汝宗云何不许我说聚有方分，影障属聚；极微无分，不属极微？

　　岂异极微，许有聚色发影为障？

　　论主返诘。汝虽作难，然汝本宗，岂异于极微，许别有聚色，极微无影障，聚发影为障？

　　不尔。

　　此外人答。非异极微别有聚色，故言不尔。

　　若尔，聚应无二。

　　此论主难。若尔者，释颂第四句聚不异言；聚应无二，释无二言。尔者，此牒彼计。若聚不异极微，则应聚色无影障二，即极微故，犹如极微。此即总答，次下别显。

　　谓若聚色，不异极微，影障应成不属聚色。

　　此广前难。此中四句，上半显聚不异，下半明无二。谓若汝宗所说聚色，不异汝执一实极微，其影及障应属极微，不属聚色，聚色体即是极微故，比量如前。《成唯识》中亦作是说：既和合物即此极微，发影障等，故知极微定有方分。

> 觉慧分析，安布差别，立为极微，或立为聚，俱非一实。

明一实微不成之中，上来第二，有合无合、有分无分，正答不成；此即第三，申我正义，总结不成。此五句中，上四句申正义，第五句结不成答。

若吠世史迦，极微实句摄，常非无常。空劫极微，体是常住。成劫之微，此所生者，名为无常，其量方大；后大地等，合成一物。唯地水火风是极微性，色声香味触五大之德，体非是微。

若顺世外道，与胜论同，然所生子微，同本因量，子微相大，可名为粗，非本极微亦量德合。

萨婆多极微，十色处摄。七极微成阿耨，乃至展转，积小成大。极微实有，故五识缘；阿耨以上，总者皆是假有，五识不缘。

经部极微，随何处摄，亦是实有。积成大物，大物是假，五识所缘；其实极微，唯意识得。

然大乘中，极微亦假，法处所收。但从大物析成于小，名为极微，非从于小积以成大。《成唯识》说：然识变时，随量大小，顿现一相，非别变作众多极微，合成一物。为执粗色有实体者，佛说极微，令其除析，非谓诸色实有极微。诸瑜伽师，以假想慧，于粗色相，渐次除析；至不可析，假说极微。虽此极微，犹有方分，而不可析；若更析之，便似空现，不名为色。故说极微是色边际。广如《瑜伽》第三及五十四，《显扬》第五及十六十八等解。

故今论言：觉慧分析，安布差别，立为极微；若不析时，顿现一相，即立为聚；聚色可更析，微假慧安布，故微与聚，俱非一实。遮彼聚微体是实有，非我大乘聚亦称假，有实色用，别从种生，非诸极微有此义故。

△初段之中，第四反破外境实执，合有五颂。上来四颂，初之一颂，合破小乘、外道二执；其次三颂，正破小乘。自此下第五颂，正破外道，设破小乘。于中有八：初，胜论师等，咸作是言，且置极微，犹未遮我外色等相；二、论主问；三、外人答；四、论主征；五、外人问；六、论主难；七、正量部等救；八、论主破。此即初也。

何用思择极微聚为？犹未能遮外色等相。

胜论等言：前来极微，何用思择？然汝大乘，犹未能遮我宗等立外色等相。

△此下论主问。

此复何相？

汝色等相，体即极微，极微已破，即破色等，复言未遮我色等相。此诸色等，离极微外，复有何相？

△此下外人答。

谓眼等境，亦是青等实色等性。

外色等相，即是眼等诸现量境，此通五尘，亦是显色青黄赤等实色等性。即显二义，外色等相，一显现量境，二显实体，故是实有。其内五根，就他宗说，非现量境，但能发识，比知是有。且约外处辨现量境，于青等中，等取黄等，亦兼声等；实色等中，亦等声等。此所说者，识外实有。

△此下论主征。

应共审思，此眼等境、青等实性，为一为多？

随其经部，或萨婆多，或吠世师，若假若实，汝今与我，应共审思，汝此所说诸外色等，眼等五境、青等实性，为体是一，为体是多？此为二问。

△此下外人问。

设尔，何失？

设一或多，竟有何失？

△此下论主难。

二俱有过。多过如前，一亦非理。

若一若多，二俱有过。其多过者，如前已说，非多极微等以下三颂是；一亦非理，非直多成失。设一复为过，故言亦非理。外人伏问，非理者何？

颂曰：

一应无次行　俱时至未至

及多有间事　并难见细物（十四）

此正破一。前叙宗中，卫世执一，小乘执多。今此设遮小乘执一，意兼外道，以小乘救有色等故。其颂一字，牒外人执；应无二字，通下五难。五难者何？若执境一，一、应无次序行义，二、应无俱时至未至，三、应无多有间事，四、应无有间，五、应无难见细物。今合第三多有间事、第四有间为第三句。言多有间事，如业道等。

西域言遮，此翻为及，或翻为等。若作及义，于六释中，显相违释。第三句及第四句并，是显此四难义各不同。非无次行，即是俱时至与未至，故置及言。若言等者，显非唯尔，更有此余。今者四义皆已列名，义不是等，但言及并，显相违释。

  若无隔别，所有青等眼所行境，执为一物，

释颂一字，即叙彼宗。彼宗意说：若有隔别，眼所行境，体即是多；无隔别时，所有青等眼所行者，说为一物。其声香等，类色亦然。

前来总议外五处故，不是唯言于色处法。今此文略，且言眼境，非耳等境。此中不破彼执为多。然此牒计，于下四难，一一应叙，凡难义法，牒方难故。今恐文繁，最初总叙，下别为难。

  应无渐次行大地理，若下一足，至一切故。

此第一难，配颂可知。若执为一，眼所行境无隔障处，世间应无渐次行大地义，以地一故，若下一足，已至一切，如何可说有渐次行？

应立量言：无隔障处，下此一足时，所未至处，时亦应已至，汝执一故，彼即此故，犹如于此。或云：无隔大地，应无渐次行义，若下一足至一切故，如此足处。然今论文，有大宗意，其为比量，应如是知；然今眼境名大地者，假名大地，非实地大。

  又应俱时，于此于彼，无至未至，

此第二难。若执是一，且如手执无隔障物，无有一法，一时之中，此边彼边，有手至未至。此犹未晓，次显其因。

  一物一时，理不应有得未得故。

至者，到也，得也，及也。体是一物，于一时中，若手执时，理不应有此处可得、彼处未得。今依此难，一切世间，无一物者。所以者何？且如一笔，以手执时，有至未至，如何成一？故知大乘，诸眼等境，或可说一，总可至故，如手握珠；或可说多，至未至故，如指捻珠。应立量云：汝宗世间无隔断物无有一法世间有至未至，执是一故，如手握珠。

又一方处，应不得有多象、马等有间隙事；

此第三难。若执境一，于无隔障一方处所，多象、马等皆集其中，应不得有象、马等物多间隙事。二物中间所见空处，是次下难；象、马二物，自不相到，名间隙事，是此中难。所以者何？

若处有一，亦即有余，云何此彼，可辨差别？

此显所由。所依之处，体既是一，若有一象，即有余马，云何此象及彼马等可辨差别？应立量云：于无障隔一方处所，多象、马集，一象住地，应余马等亦住此地，执是一故，如此一象住地。或言汝宗无隔一方，多象等集，应不得有多间隙事，或应此彼亦无差别，执是一故，如一象处。

或二如何可于一处，有至不至、中间见空？

此第四难。若执境一，如何可有象、马二物，此是所至，中间不至，见有空处？应立量云：无隔一处，象、马二居，应不得有中间空处，执是一故，如手握珠。

前第三难，约所依一，能依象等多有间事，难应非有；此第四难，约能依二，所依地一，中间应无空缺之处，是二别故。

前多有间事，及此有间，合释于前第三句颂多有间事。旧论颂但言及别类多事，此第四难，彼颂不摄。故今勘此，善恶易明。

又亦应无小水虫等难见细物，

此第五难。若执境一无隔，水中亦应无有小水虫等难见细物。此立宗非，下明所以。

彼与粗物，同一处所，量应等故。

所依之境，既是一物，能依水虫，应无小者，彼小水虫与粗大物，依一所依，遍所依故，能依、所依，量皆等故。旧论说言，最细水虫，与大色同，应无不可见。彼言色者，即形量色。若小水虫，不遍所依，量不等故，可见细者，所依不遍，故非是一。如说极微，六方分异，云何成一？应立量言：小水虫等依无隔水，能依应等所依之量，执所依一故，犹如无隔一颇胝迦一所依色。又应量言：小水虫等依无隔水，应不难见，执水一故，如无隔水。

此中如前所说比量，论文既隐，唯强思惟施设安立，于宗因喻，皆遮过失，恐文繁广，不能具明。善因明者，自当详悉。然或不须作其比量，准论但以道理征之，亦不违理。

△此下正量部转计救义。

若谓由相此彼差别，即成别物，不由余义，

谓见如前五义破一，遂作是义：亦非无隔眼所行境体皆是一物。所以者何？由彼地相，此象彼马处有差别，即成此彼二处地别。如是四足，处各差别，即成四一。蹄足之下，东西有殊，其地即异，不由异义。所余无隔眼所及境，名为一物；有隔不及，遂即成多。故我宗中，无前五失。今牒言若谓由等。

△此下第八论主正破。

则定应许此差别物，展转分析，成多极微。

若由相故，此彼差别，其体各一，则汝定应许汝所执，此差别物体是一者，又以觉慧，展转分析，成多极微，都无一物。如马住处，名为一物，四足各异，地即成四；如是于足东西方异，于东西方，多百千分；如是至细，成多极微。是故世间，无定实有唯一物者。故汝等计，皆述妄情，虚所施设。

　　△就第四段破他宗中，此下第三，总结不成，显归唯识。

　　　　已辨极微非一实物。是则离识眼等色等，若

根若境，皆不得成。

　　已辨极微非一实物者，结前所破，能成极微一实非有。是则离识眼色等者，总结以上极微所成根境非有，即是离识眼等五根、色等五境，皆不得成。能成极微非实有故，所成根境何义得成！

　　既尔，此无言何所显？

　　　　由此善成唯有识义。

　　显归唯识。离识根境，今既破无，故知根境，皆不离识；不离识色，可许有故。然识根境，四大所造，诸宗计别，如《成唯识》第一疏述。

　　上来总有一十四颂，合为四段。初之一颂，小乘、外道四事难境无；次有五颂，释四难非理；次有三颂，释有情法二无我教；次有五颂，返破境实执。或分为三，合初二段，总有六颂，四事问答外境无故。此等总是第一大段，四事难识境无，却征实境执。

　　△自下大文第二，释外人难，现量证境有，返破忆持执。此第二段，有一颂半，合分为二：初之一颂，释现量证；后之半颂，释忆持执。于中皆有先难后破。此则正量、萨婆多等为此问起，先议诸法，刊定胜量，后方申难。此即议也。

　　　　诸法由量刊定有无，一切量中现量为胜。

　　刊定者，贬量也。言诸法者，即是所量一切有漏无漏诸法，由三二量，揩准有无。量者量度，如以尺丈，量绫锦等。尺为能量，绫等所量，知其量数，是其量果。

诸心心所，缘诸法时，说有四分。见分能量，相分所量，自证量果。如是自证缘见分时，见分所量，自证能量，证自证为量果。如证自证缘自证时，自证所量，证自证分为其能量，即此自证亦为量果，能返缘故。若以第三缘第四时，第四所量，第三能量，其第四分即为量果，能返缘故。

陈那以前古内、外道，大、小乘师，皆说三量：一、现量，二、比量，三、圣言量。今依梵音，云阿弗多阿笈摩，此云至教。至教量者，非得但圣者说，名为至教，但是世间言无差二可信者语，此皆至教量。契至理故，合实事故，如八语品、四圣言等。

言比量者，比附量度，名为比量。即以众相而观于义，缘此义智名为比量。

言现量者，诸部说异。

且萨婆多，用世友说，以根名见。根体是现量，以显现义是根义故。此能量境，故名现量，是持业释。法救说识名见，能量境故，识名现量，持业如前。妙音慧名见，能量法胜，慧名现量。正量部说，心心所法，和合名见；心心所法，合名现量。经部师说，根识和合，假名为见；假能量境，假名现量。

吠世史迦德句义中，觉为现量。数论师说，十一根中，五根是现量；若归于本，自性是现量。

大乘师说，根名为现，依发属助，如根五义胜余故，然是色法，不能量境；唯心心所能量度，故心心所法正是量体。依现之量，名为现量，此依士释。

若无著以前，但说二分，唯一见分为现量体。无著以后，陈那菩萨立三分者，见、自证分为现量体。护法以后，见分、自证、证自证分为现量体。安慧诸识虽皆有执，然无随念、计度分别，明现取境，名为现量；无漏皆现量，如说善等性。小乘有五，外道有二，大乘有四，合有十一种，出现量体。广如余处，此略显示。

陈那以后，其圣言摄入现、比，此体除此外更无故，如《因明疏》。今者世亲说有三量，故论说言，一切量中，现量为胜，取现境故，证自相故，大小二乘，外道、内道皆共许尔。故今总叙，贬议诸量，现量胜余。

△此下正申难。

若无外境，宁有此觉：我今现证如是境耶？

如世人言，我今见色，乃至触触，若无识外实色等境，宁有此觉：我今现证如是色等？此觉既非无，外色等定有。

总言觉者，心心所法之异名也。今此言觉，谓现量智，非唯是慧。因明者说，言证智者，心心所法之总名矣。故旧论云：如此证智，云何得起？《成唯识》中，亦有此难：色等外境，分明现证，现量所得，宁拨为无？此中难已。

△下论主破。破中有二：初总非，后别破。

此证不成。

此总非也。外人设问：云何不成？

颂曰：

　　现觉如梦等　　已起现觉时

　　见及境已无　　宁许有现量（十五）

第一句述正理，显难外境实有不成；下三句破外宗，明无现觉，成无外境。然旧论本，遂分二段，前后别明。其此颂中，初句易解，至下当知。

上一句引喻破经部。下三句中，略破二类：初破正量部等非刹那论；后破一切有等刹那论者。谓已起现觉时，其见已无，宁许有现量，破正量部等。谓已起现觉时，其见及境已无，宁许有现量，破萨婆多等。大众部等宗计不同，亦应叙破，如萨婆多。

第三句中，言及字者，即相违释，意显有二难，至下当知。

如梦等时，虽无外境，而亦得有如是现觉。

先释初句。今解初中如梦等字，能成喻法。等者，等取眩翳目等，缘见发蝇等。此等诸位，经部及大乘，彼此共许外境非有，故以为喻。如梦等中，虽无离心外实境界，而彼言谓我见是事，闻是事等，起此现觉。下合法显。

余时现觉，应知亦尔。

释颂初句现觉二字。除梦等外，余时所起见是事等如是现量，应知亦尔，亦无外境，此现觉生。应立量言：除梦等外，所有现觉缘非外境起，许现觉故，如梦等现觉。此中意说，若实现觉如五识等，不作此解：我今现证如是事境；作此解者，是意识中分别妄觉，非谓现量心心所法。

《成唯识》说，现量证时，不执为外；后意分别，妄生外想。故现量境是自相分，识所变故，亦说为有；意识所执外实色等，妄计度故，说彼为无。又彼论说，谓假智诠，不得自相，唯于诸法共相而转。故现觉者，必无此智，及与此论：我今现证如是事等。

故彼引此为证不成。

此结非也。现觉所缘，由如梦境，性非实有，故彼汝宗，引此现觉，为证离心外境实有，理证不成。

△次释下三句颂，先破正量部等。

又若尔时有此现觉，我今现证如是色等。

此解第二句颂。若于尔时起此现觉，我今现证如是心外色等实境者。此牒彼计，下正申难。

  尔时于境能见已无，

释第三句见已无字，申其难意。正量等计六识不并，起此觉时，能见五识实现量者，已入过去，现在非有。所以者何？

  要在意识能分别故，时眼等识必已谢故。

此显二因，成能见五识现在非有。彼此共许，要第六识具三分别，方能起此分别现觉，五识不具三种分别，故不能起此等现觉。此等现觉既在意识，起此觉时，故彼能见眼等五识亦入过去，落谢非有。先见是物，后方起觉，故正见及觉二，时必不俱。能见实现觉，此时既无，宁许此觉有是现量证外境有？若正现量证色等时，缘心内法，无假智诠。故证不成。

以正量部，心心所法、灯焰、铃声，唯灭相灭，念念生灭；色等法灭，亦待外缘，即随此事长短一期，后方有灭。起证如是现量觉时，眼识不住，故入过去；其境色等，一期未灭。故此唯破起此觉时能见已无，不破所见此时非有。设纵有故，应立量言：起此觉时必非现量，是散心位，能见已无故，如散心位缘于过去百千劫事。破境一期，如余论说。

  △下破萨婆多等。

  刹那论者，有此觉时，

此等执境及心心所，皆念念灭，名刹那论。有此觉时，释颂第二句，牒彼所计。

  色等现境亦皆已灭，

此正申难，释第三句颂及境已无。眼等六识，不俱时起。起此觉时，要在意识，但非现觉。能缘已无，所缘现境亦皆已灭。即此现觉所有诠智，现在缘时，不及现境，此已灭故，故证不成。应立量言：起此觉时必非现量，是散心位，境已无故，如散心位缘过去世百千劫事。大众部等，刹那既同，六识俱时，虽小不同，颇亦同此。

如何此时许有现量？

此双结难，释第四句颂。正量部等，起此觉时，能见已无，如何此时许有现量证外境有？萨婆多等，起此觉时，其境亦无，如何此时许有现量证外境有？故说现觉证有外境，为证不成。

既尔，大乘许六识并，起此觉时，能见、所见二俱现有此现量觉，其义如何？五识俱意，若同五缘，是现量摄，不起此觉；若起此觉，必不同缘，假智诠故。五识前时，既由意引，今相续生，不假意识；意识起亦余二量摄。或五同时，或刹那间，亦无过失；然缘心内境，有此现觉生。

△下破忆持，先外人救。

要曾现受，意识能忆，是故决定有曾受境。

谓彼救言，要曾过去眼等五识现受此境，今时意识方能忆持，非先未受，后意能忆。此则泛说先缘后忆，是故决定有曾受境。显过去世现境非无，是曾五识现所受故。

见此境者许为现量，由斯外境实有义成。

曾现受境明了五识，既许非无，能见此心追忆意识，亦定是有。彼此二宗，许曾现识现量所摄。现量曾有境，今时方能忆，故此所缘，定心外法；又追忆识，由曾现受，亦现量摄，故知外境实有义成。若无外境，无曾所受；无曾所受故，现量亦无，云何今时有忆持识？由斯外境实有成也。此外救已。

△下论主破。破中有二，初总后别，此总非也。

如是要由先受后忆，证有外境，理亦不成。

如是要由现量先受外实有境，后意方忆，以此道理，证离心外境有不成。

何以故？

外人复问，为何义故证境不成？

△下论主破。

颂曰：

如说似境识　从此生忆念

然旧论本，句句别明，分为二段，岂如今者合一处明，义相违故，但申正理，夺彼忆持。如前所说，似境之识，后生忆持，非缘离心外境，识后有忆持也。

如前所说，虽无外境，而眼识等似外境现。

释初句颂，夺彼曾受离心外现境之识。谓如前说，识从自种生，似境相转等，及初论首说，识生时似外境现，虽无外境，眼等五识似外境现，已广如前。

从此后位与念相应，分别意识似前境现，

释颂下句，夺彼忆持。谓从过去似境五识，今此后位，与别境念相应之时，有缘过去分别意识，变似前五识所缘境现。无曾现在受离心境眼等五识，从此今时与念相应，有一意识缘前五识离心之境。

即说此为忆曾所受。

即说于此分别意识，缘曾现在不离识境，名为忆持曾所受识。所以者何？由曾五识，及同时意，缘即识境，熏成种子，今时相续，意于此位，能忆前境，名为忆持。非曾五识境实离于心，今时犹有意识缘之，名曾受识。

故以后忆证先所见实有外境，其理不成。

此结非也。道理既尔，故汝所说，以忆持故，证曾五识所见实有，其义不成。直以自宗，释外所难，夺他所说，更无异理。如说汝细心，即我第八识。然旧论本，上来所说一颂半文，异常难解，披者当知。

卷四

△自下大段第三有半颂，释小乘、外道难，以梦例觉时，应知境无失。先叙彼难，后方释破。于叙难中，初牒论主所明唯识，后正申难。此即初也。

若如梦中，虽无实境，而识得起，觉时亦然。

论主前来所说理趣，如世梦中，无境既识起，其觉时识，无境得生者，即牒梦、觉二识义同。

△自下申难。

如世自知梦境非有，觉时既尔，何不自知？

梦、觉二识，无境既同，世能自知梦境非有，其觉时识，自知应等。梦心无有境，觉时始知无；觉识境既无，何不知非有？量云：世觉时识应知境无，许无境故，如知梦识。

既不自知觉境非有，宁知梦识实境皆无？

前难觉识应知境无，此显不知实境非有。觉、梦二境俱非有，即知梦识境成无，觉不自知无，异于梦故，知觉识境实有。

量云：世觉时识外实境有，许异梦故，如自真智。不言世觉，相符极成，杂乱真觉故。因不言许，随一不成。生死，大乘说为梦故，或简五识不行梦故，或显异于眠时梦故。喻不言自，其体便阙。大乘真智，无外境故，若说大乘真智为喻，所立不成。为此等过，宗等各简。此总难已。

△自下非之。

此亦非证。

此总非之，自下别释。

颂曰：

未觉不能知　梦所见非有（十六）

未得真智觉，不能自知生死梦所见定非实有，即正理解于此颂文。或为喻显，如世未觉，不能自知梦心所见定非实有；觉时亦尔，以喻释难。即此半颂，通以法、喻二义解之，亦无违也。旧论下句，今在上说；今此上句，旧论下说。旧依梵本，今从唐言，亦无乖返。诸上下颂，应如是知。

如未觉位，不知梦境非外实有，觉时乃知。

此举世喻，以释颂文。要觉方知梦境非有，彼此共许，故以为喻。下以理解。

如是世间，虚妄分别，串习惛热，如在梦中，

此释下句颂中梦字。生死之识，不称实理，说为虚妄。无始已来，数数熏发，名为串习。盖缠覆蔽，称之为惛；毒火所煎，号之为热。或复串习无明称惛，圣智不生名之为热。犹如世间数习向昧惛睡之识名之为梦，生死亦尔。睡者，惛热义；梦，睡心之异名。即说生死名世间亦尔，如经所说生死长夜。

诸有所见，皆非实有。

释后句颂下之四字。生死妄梦，异真智生，故此所缘，皆非实有。颠倒虚妄，所显现故。量云：生死梦识所缘之境皆非实有，许梦境摄故，如极成梦境。

未得真觉，不能自知。

释颂初句。无始已来，串习虚妄，未植善种，真智不生，如何得知生死梦境不实显现如梦境无？此答前难。应立量言：生死之识不能称理知自境无，许梦识摄故，如极成梦识。然亦许有少能自知，如今闻教，知境非有，如极成梦，亦少自知，不名真觉。恐违世间及法差别随一过故，宗云称理。因有许言，世间眠梦，彼此共许，名为极成，简生死梦，他不许故。

外人伏难：既生死识不能称理如实自知，何名真觉而实得知今境非有？

若时得彼出世对治无分别智，即名真觉。

二乘见道，亦名真觉，然于后得，不知境无，加行不作唯识入故。菩萨见道，无漏正智超世间故，名为出世；能除生死，称为对治；离世分别及事分别，名无分别。此为无间道，对治世间，契真如理，名无分别智。释此名义，如余处辨。

不虚妄，故名真；如实了，故称觉；此离诸缚，超诸粗重，得此名入诸圣朋流，故名真觉。简异生死少出梦时亦言知梦境皆非有假名之觉，立真觉名。此翻颂中未觉之说。

此后所得世间净智现在前位，如实了知彼境非实，其义平等。

于见道中，得此所说无分别智，后有缘世间无漏之智现在前位，方能称理、如实了知彼生死识境非实有，即后得智。缘世间故，名为世间，非体有漏名世间也。体非是漏，立以净名。称境而知，名如实知。

前无分别，唯缘如理，但名真觉；此后得智，遍缘世间，能知境无，名实知，亦名真觉。此智得起，藉无分别。无分别智，独名真觉；若生死识，虽少自知，不名真觉。无分别智虽名真觉，不能知境皆非实有；此后得智遍缘理事，能知境无，异前二智。

其义与前知世眠梦，平等无二。前处眠梦，得世觉时，知先梦境体非实有；今从生死，得于真智，出世觉时，知先生死梦境体非真实，相似无二。平等、相似，一义二名。解颂如字。故若不知生死梦境非实有者，但是未觉；得真觉已，故能了知。《摄大乘论》《成唯识》中皆有此释，义意既同，故不繁引。

△自下大文第四段，复释外难，二识成决定，外境非无失。

  若诸有情由自相续转变差别，似境识起，不
由外境为所缘生，

小乘、外道作如是难：若诸有情，由自身中，心等相续，识自证分转变自体，有差别相，在内识上似外境现，实非是外，识缘此起，不由外境为其所缘引识等起；或从种子转变差别，乃有现行，似境识起，不由外境为所缘生。此则外人摽论主义，次申共许，后方正难。

  彼诸有情，近善恶友，闻正邪法，二识决定。

此申共许。如彼能缘不离识境，一切有情，或近善友，闻说正法；或近恶友，闻说邪法。如四亲近行，近善知识，听闻正法，正性决定，能教者识，成悲决定，能听者识，成慧决定；近恶友时，成邪定亦尔。即能所教，二识决定。

或近善恶二种友故，其能近者，各成正邪二识决定。准此下释，即能所教，二识决定，前解为是。若准旧论，今此难中，文既含隐，其能近者，各随所应，成于邪正二识决定，后解为是。然文既含隐，二解并得，任情取舍。

既无友教，此云何成？

此正为难。诸识既缘不离识境，无心外法，理即便无善恶二友，亦无他说正邪二法，此能听者，或正或邪二识决定，云何得成？或无外境，云何得有能教所教二识决定？下释妨难。

非不得成。

此总答难，非不得成。下别答难。

颂曰：

展转增上力　二识成决定

由能所教二人展转增上缘力，其能听者，正邪二识成决定也。或增上力，能所教者二人之识得成决定。准前二释。

以诸有情自他相续诸识展转为增上缘，

此释初句颂。以诸有情，他能教者，自能听者，各各相续八种诸识，此彼展转为增上缘。此意即显亲缘心内自所变境，名为唯识，非遮心外他有情等。

外人说心缘心外法，亲得他人所说之法。今则不然，能所教者，展转互为增上缘故，自识变似能教、所听，为自相续识亲所缘，不能亲取他所说法为疏所缘，于义无失。此说展转为增上缘故，《成唯识》说为疏所缘故。

随其所应，二识决定。

随其所应，显义不定。由增上缘，若近善友，听闻正法，自相续中正识决定；若近恶友，听闻邪法，自相续中邪识决定。或近善恶友，及由展转为增上缘，能说法者正邪悲爱，能听法者正邪智慧，二识决定。言随其所应，二识决定，此犹未显。

谓余相续识差别故，令余相续差别识生，各成决定，不由外境。

此广前增上缘义,答外所征。谓能教者余相续中见相分识，正邪差别增上缘故，令能听者余相续中，差别见相诸识得生，能所教者，二识各各得成决定；或能听者正邪二识，各成决定，不由外境识决定成。即由自他增上缘力，识得决定，非由自他亲相缘见，成决定识。故知识生，不是亲缘。由于外境增上缘，由我亦许有故，虽无外境，而友教亦成。

△自下半颂，大文第五，又释外难，梦觉心无异，无造行果差失。初外人难，后论主释。初难之中，先牒此义，后方为难。此即牒也。

若如梦中，境虽无实，而识得起，觉时亦然，若觉时识，犹如梦中，境虽无实，而亦得起。

何缘梦觉造善恶行，爱非爱果当受不同？

此申难也。梦时与觉，无境是同，觉时与梦俱造众业，何故觉行感果苦楚，或有现报等，梦时造行感果微劣，或无果等？如梦杀人，定无现在为他报杀；若觉时杀，定为现在他人杀报，未来亦感果，故定不同。如杀他人，淫他人等余一切行，其果亦尔。此外人质，以问论主。

△下论主答。

颂曰：

心由睡眠坏　梦觉果不同（十七）

上句显理，下显不同。由在梦位，造善恶心，睡眠所坏，故梦与觉，感果不同。

在梦位心，由睡眠坏，势力羸劣；觉心不尔。

释上句颂。不定四中睡眠心所，能令有情身分沉重，心分惛昧。在寐梦心，为此所坏，令心昧故，虑不分明，势力羸劣。其觉时心，既无眠坏，缘境明了，势力增强，不同梦位。其狂醉等为缘，坏心羸劣亦尔，如梦位心。此但答问。

故所造行，当受异熟胜劣不同，非由外境。

由梦坏心，觉时不同，故此二位所造善恶当受异熟，非梦果胜，梦果乃劣，非由外境其果不同。

外人伏问：既尔梦心为睡所坏，觉心不尔，何不梦位由眠所坏，其境实无，觉境便有，复由此理，当果异耶？既尔，汝宗觉时见色等，既是实有，梦时见色等，应例非无。见色虽复义齐，其境有无不等。或萨婆多，梦、觉境俱是有，造行当果不同。何妨我义，无境觉、梦虽同，造行感果有别？此中难释，返覆无穷，恐厌繁文，略示纲要，诸有智者，准此应思。

△自下二颂，大文第六，又释外难无境杀无罪，返诘他宗失。初叙外二难，次一颂解，后一颂诘。

若唯有识，无身、语等，羊等云何为他所杀？

此即初难。若唯有识，色等境无，由此便无身语业等，彼羊等云何为他人所杀？心外法故。方今世人，此难多生；达此论文，应休劣意。

若羊等死不由他害，屠者云何得杀生罪？

此第二难。心外羊等，若其死位，不由他人之所害者，世间杀羊、鱼等，屠者云何可得杀生之罪？若许罪是有，即杀心外之羊；心外羊无，屠者云何得罪？返覆二责，无所逃刑。

颂曰：

由他识转变　有杀害事业

如鬼等意力　令他失念等（十八）

上二句颂，先以理释；下二句颂，举喻以成。由能杀者为增上缘，起杀害识转变力故，令所杀者有杀害已，断命事成，故能杀者得杀生罪。如由鬼等意念等故，令他有情有失念等，至下当知。

如由鬼等意念势力，令他有情失念、得梦，

先释下半颂，能成喻也。如世间鬼，恼乱有情，内意念力，令他有情失本正念、心发狂等；或鬼意爱彼，令他得异梦。如鬼等者，瞿波解云：等取天神、龙神、健达缚、夜叉神、仙人等；及如胎中子，由母爱恼，子心变异，或生或死；或子起欲乐，母随子欲。得梦已下，释颂末句失念等字。

或着魅等，变异事成。

由猫鬼等意念势力，令他着魅，变异事成。既彼亲能令他作此，但由意念增上缘故，此事便成，杀羊等亦尔，虽无外身语，杀事亦成。上解失念，下解得梦，有二事。

具神通者意念势力，令他梦中见种种事。

颂言鬼等，等中等此。此别总举，下别指事。

如大迦多衍那，意愿势力，令娑婆剌拏王等

梦见异事。

即佛在世摩诃诃迦旃延，摩诃言大，迦多衍，此云剪剃，如常所释，此即其姓；拏者男声，即剪剃种，男声中呼，表是男也，如言尼者，女声中呼，表其女也。娑婆剌拏者，旧言娑婆罗那，此云流转。即由剪剃神通意愿，令王得梦。说此缘者，如旧《中阿含经》说。

娑婆罗那王，是眉稀罗国主，容貌端正，自谓无双，求觅好人，欲自方比，显己殊胜。时有人曰：王舍城内，有大迦旃延，形容甚好，世中无比。王遣迎之。迦旃延至，王出宫迎。王不及彼，人睹迦延，无有看王者。王问所以。众曰：迦延容貌胜王。王问大德今果宿因。迦延答曰：我昔出家，王作乞儿。我扫寺地，王来乞食；我扫地竟，令王除粪，除粪既讫，方与王食。以此业因，生人天中，得报端正。王闻此已，寻请出家，为迦延弟子。

后共迦延往阿盘地国中，山中修道，别处坐禅。阿盘地王，名钵树多，时将诸宫人入山游戏。宫人见王形貌端正，围绕看之。钵树多王见娑婆罗那王，疑有欲意，问娑婆罗那曰：汝是阿罗汉耶？王答言非。次第一一问余三果，王皆答言非。又问汝离欲不？又答言非。钵树多瞋曰：若尔，汝何故入我婇女中，看着我婇女？遂鞭身破，闷绝而死。至夜方醒，从本处起，至迦延所。迦延见已，心生悲愍，其诸同学，同为疗治。

娑婆罗那王语迦延曰：我从师乞暂还本国，集军破彼阿盘地国，杀钵树多王，事竟当还，从师修道。迦延从请，语王：欲去，且停一宿。迦延安置好处家令眠，引生感梦。梦见集军，征阿盘地，自军破败，身为他获，坚缚手足，赤花插头，严鼓欲杀。王于梦中，恐怖大叫，呼失声云：我今无归，愿师济拔，作归依处，得寿命长。迦延以神力，手指出火，唤之令寤，问言：何故？其犹未醒，尚言灾事。迦延以火照而问之：此是何处？汝可自看！王心方寤。迦延语言：汝若征彼，必当破败，如梦所见。王言：愿师为除毒意。迦延为说一切诸法，譬如国土，假名无实，离舍屋等，无别国土，离柱木等，无别舍屋；乃至广说，至于极微，亦非实事，无彼无此，无怨无亲。王闻此法，得预流果，后渐获得阿罗汉果。故知依自意，他梦事亦成。

又如阿练若仙人意愤势力，令吠摩质咀利王梦见异事。

此第三喻。阿练若者，旧云阿兰若，此云闲寂，旷野处也。离村空野，名阿练若，此中仙人，名阿练若仙人。吠摩质咀利王者，即旧云毗摩质多罗阿修罗王也，天帝释设支夫人之父也，此云绮饰，或云彩画。由仙人意瞋，令阿修罗王梦见异事。旧论言见恐怖事，此则不同。

《中阿含经》云：有七百仙人，住阿练若。时天帝释严身入中，于下风坐，诸仙皆来恭敬帝释。毗摩质多罗阿修罗王见帝是事，亦忽变为天，着好严具，破其篱垣，入仙人处，在上风坐。仙怪是事，皆不敬之。甚生愤恨，云：汝等何故，但敬帝释，而轻蔑我？故苦诸仙。诸仙忏谢。其恨不已，不受仙悔。诸仙心念，令返衰恼。应时毗摩质多罗王即大困苦，遂生悔心，惭谢仙等。仙等心念，放赦其僭失，即还如本。今此论说阿修罗得梦，经说觉时遭苦，然理大同。此前所说，皆增上缘，令他事起，非亲为缘，令有此事。

如是由他识转变故，令他违害命根事起。

释上半颂。如是者，结指法也。增上缘中，由他能杀起杀害识转变力故，令所杀者，违害于己命根事起。如由鬼等意念势力，他失念等。直以事喻，令义增明，不繁比量。

应知死者，谓众同分，由识变异，相续断灭。

虽知命断，未知死相，故今重显。众同分者，《成唯识》等说，依有情身心相似分位差别，而假建立。此众同分，随何生趣，若未舍时，阿赖耶识即此趣生，相续一类，前之与后，趣等皆同。若遇他识增上违缘，舍众同分，阿赖耶识即便变异，异旧趣生；此趣生者，旧时相续，今便断灭。余识亦尔。旧续今断，名之为死。死者灭相，总有二时。一者将灭，说名为死，即是现在，如触处中所立死触，死支亦尔；若正灭相名死，触支应成过去。二者正灭，说名为死，如今所说，识相断灭，即是过去。故此说死，但是灭相，非死触支。此下返诘。

复次，颂曰：

弹宅迦等空　云何由仙忿

意罚为大罪　此复云何成（十九）

上半颂，不许前说，诘林等空云何由仙忿；下半颂，彼若救义，诘非意云何成大罪。旧论由此，遂分二段，前后别明。初句等者，等下二林，文意易详，至下当悉。

若不许有他识转变增上力故他有情死，

将为诘彼，先叙彼计。前我所说，由能杀者他识转变增上缘力，令所杀者他有情死。汝不许者，以他宗说，由他亲能杀他身故，他有情死。故彼不许此前所说。今牒彼计，自下正诘。

　　云何世尊为成意罚是大罪故，返问长者邬波

离言：

　　三业诸罪，现为人天之所呵责，未来当受诸恶苦报。可治罚故，可毁责故，名之为罚。三业校量，意罚最大，佛为成此，返问长者邬波离也。邬波离者，此云近执，亲近于王，执王事也，如世说言朝廷执事。如阿罗汉持律上首，亲近太子执事之人，名邬波离矣。

　　《中阿含经》说，有尼犍子，名阇提弗多罗，其有弟子名为长热，往至佛所。佛问长热：师教汝法，三业之中，何罚业重？答云：身重，次口，后意。长热反问：瞿昙，今说何业最重？佛言：意重，身语乃轻。长热还去。阇提问云：汝至彼所，瞿昙何言？长热具说。阇提赞叹：汝真我子！从我口生，善受我教，所说无异；汝可更往，破瞿昙义，提取将来，作我弟子。长热不从。有大富长者，名邬波离，伏事尼干阇提，便往破佛立义。长热报云：此事不可！彼瞿昙者，容貌辩才，过人无量，兼有幻术，能转人心，无量众生，为其弟子，宁可降伏？阇提不信，令长者往。

　　长者往已，欲破佛义，遂立义云：我立三罚，身为最量，次口、后心，瞿昙云何说心罚重？世尊于时在眉绨罗国，国城五日方行一边。佛问长者：若人行杀，几日杀此国人得尽？长者答曰：大能七日，或十日，或一月。复问：仙人起瞋心杀，几日得尽？答曰：一时国人皆尽。又问：一百日、二百日、三百日行于布施，有人一时入八禅定，何者为胜？有人多时持戒，有人一时入无漏观，何者为胜？长者答言：入禅、无漏，功德大胜！佛言：长者云何乃说身口罚重、心罚最轻？长者理屈，乞为弟子，乃至得果，自立誓言：我所住处，常拟供养三宝；一切尼干，悉不得入我家。

长者得道，后还本家。阇提怪迟，遣人往觅，长者家人，不许入舍。阇提不测，自往觅之。长者庄严高座自坐，别安小座，以待阇提。阇提见之，法用如此，诃责长者。长者答云：今人非昔人，我今已胜汝，是佛弟子，何得不然！

阇提乃云：我令汝取瞿昙作我弟子，彼既不得，今复失汝，我今为汝说一譬喻。遂作喻云：譬如有人，须郁婆罗根，取欲食之，令人入池，处处求觅，求觅不得，自拔男根。不得郁婆罗根，又自失根。汝亦如是，求觅瞿昙不得，反更失汝，汝如男根。长者答言：我为汝喻。譬如有人，性甚愚痴，取一黠妇，婚姻以后，遂便有娠，妇言儿生，应须戏具，语婿愿觅。时婿觅得一猕猴子，将还与妇。妇语其婿，汝须浣染舂，方堪为戏具。婿将雇人，欲浣染舂。他谓其曰：乃可浣洗，云何染舂？此若是衣，可作三事；猕猴不然，其云何作？他为洗之；洗之既讫，置热汁中，染其猕猴，皮肉时已烂坏；后取舂之，形相都失，亦复不堪为儿戏具。汝法亦尔，既非净物，唯可浣洗；不可受持，如不可染；不可修行，如不可舂。云何令我受持修学？阇提于是惭耻而去。此指于彼，故言返问。然《婆沙》第二十七，亦有此文。

　　汝颇曾闻，何因缘故，弹宅迦林、末蹬伽林、

羯陵伽林皆空闲寂？

此佛问词。弹宅迦者，真谛云檀陀柯，此云治罚，治罚罪人处也，今罚罪人，尚置其内。《中阿含》云：是王名也。有摩灯伽妇人，是婆罗门女，极有容貌，婿为仙人，名摩灯伽，于山中

坐。妇为其夫，营办食送。檀陀柯王，入山游戏，逢见此妇，问是何人。有人答言：是仙人妇。王云：仙人离欲，何用妇为？遂令提取，将还宫内。仙至食时，望妇不来，心生恚恨，借问余人。余人为说，是王将去。仙往王所，殷勤求觅。王不肯还，云：汝是仙人，何须蓄妇？仙言：我食索此妇人。王便不还。仙人意愤，语其妇曰：汝一心念我，勿暂舍我，今夜欲令此国土破坏。仙人夜念，时雨大石，王及国人，一切皆死，俄顷成山。此妇一心念彼仙人，唯身不死，还就山中。本是弹宅迦王国，今成山林，从本为名，名彼林也。人物皆尽，故名空寂。旧解云：诸仙修定处名空寂。

末蹬伽者，旧云迦陵伽，此云忯逸，仙人之名，旧云王名。有梵本云钵蹬伽，此翻云蛾，即赴火者。昔有仙人，形甚丑陋，世间斯极，修得五通，山中坐禅。有一淫女，甚爱于王，王亦爱之。后触忤王，王遂驱出。淫女入山，见仙丑陋，谓是不祥之人，恐有不祥之事。淫女切念：我今被出，是不吉祥，若还此不祥，我应吉祥。乃取粪秽、洗不净汁，令婢送山，浇灌仙人。仙人忍受，不生瞋恨。有婆罗门，为仙洗浣。淫女自后，王还宠之。有一国师，亦有衰恼，淫女语曰：以不吉祥，还于仙者，必还吉祥。国师依言，以粪汁洗。仙亦忍受，弟子婆罗门还为洗浣。其后国师，还得吉事。事既皆验，人普知之。王后欲征，国师进谏：以不吉祥与仙人者，必获吉祥。王复遂语，山中起屋，恒取粪汁，洗灌仙人，征遂得胜。自后若有不称心事，辄以粪汁洗之。仙人不复能忍，心生恚恨，乃雨石下，王人皆死，唯事仙者，得免斯苦，须臾之间，国成山林。此林从本，名末蹬伽。

羯陵迦者，此云和雅，如彼鸟名，陵字去声呼也，旧云摩登伽，仙人之名。昔有一人，语此仙曰：汝若有子，当为国师。摩登伽是旃陀罗种，既闻此语，求女于王。王甚诃责：汝非好种，何故求我为婚？仙既数求不得，女意欲适仙处，令母白王：彼虽恶种，犹是仙人，深为可重，我情欲适。王决定不许。女盗往彼，为仙人妻，遂生一子。王既失女，处处寻求，求知仙处，遣旃荼罗，缚仙及女，相着掷着恒河水中。仙语恒河神曰：汝莫令我没，若我没者，须臾之间，令水涸竭。河神于是割绳，放令仙还去。仙瞋作念，须臾雨石，王人皆死，国变山林。从本为名，名摩登伽也。

此三旧国，今变成林，佛问波离：汝知何缘，此林空寂？

长者白佛言：乔答摩，我闻由仙意愤恚故。

乔答摩者，先云瞿昙，此云甘蔗种，或曰炙种，或牛粪种等，如旧所释。佛是此种，号乔答摩。长者答佛：我虽不见，曾闻仙人由如上事，意愤恚故，国变成林，所以空寂。由此所说仙人意瞋，杀此三国诸有情类，国变成林，故知由他诸识转变增上力故，他有情死，非以身语亲能杀之。准经但总问仙人意杀，今论乃别言仙杀三国。

若执神鬼敬重仙人，知嫌为杀彼有情类，不但由仙意愤恚者，

彼宗意说，唯意不能成杀业道，令有情死。仙人起欲，鬼神敬重，见仙意瞋，遂为仙杀彼有情类，不唯由仙意瞋力故，有情死也。牒彼计救，故言若者。

云何引彼，成立意罚为大罪性，过于身语？

释下半颂，诘意罚为大。若鬼神为杀，云何世尊引彼林事，返问长者，成立意罚为大罪性，过于身语？由于此杀在身语故，非

意业罪大。如《俱舍》说：三罚业中，自比校者，意罚为大；五无间中，破僧为大；于五偏见，邪见最大。故知意杀无量众生，过破僧罪，破僧罪是虚诳语故。若尔，论说破僧，能感无间一劫恶异熟果，此中意杀，感果如何？大乘中说，感无量劫受无间果，过于破僧。从初为名，皆名生报。说色业道，立五无间，于中重者，谓是破僧。破僧不能重过意罚，故说意罚，为大罪性。

《俱舍》又说：或依大果，说破僧重；害多有情，说意罚大；断诸善根，说邪见重。依彼宗说，即其罪大，后感果时，虽但一劫，倍于破僧受无间等；皆生报故，不可多生感无间果，不同大乘。

> 由此应知，但由仙忿，彼有情死，理善成立。

此结前也。谓此佛说意罚大故，汝应当知，但由仙忿，三国众生皆被杀死，今变成林，理善成立意罚为重，非由鬼神敬重仙人，知嫌为杀。又解：亦即返显自识转变增上缘力，他有情死，唯识义成；非是要由缘识外境，亲能杀彼，彼方说死。

△自下大文第七，一颂解释外难不照他心智，识不成失。于中有八：一、问，二、诘，三、难，四、释，五、征，六、解，七、逐，八、答。此即初也。

> 若唯有识，诸他心智，知他心不？

谓外问言：若唯有识，不缘心外所有境者，若凡若圣诸他心智缘他心不？

△下论主返诘。

> 设尔，何过？

设缘不缘，二俱何过？

△下外人难。论主既说缘与不缘，有何过者，今为二难：先

难不缘，后难许缘。此即初也。

若不能知，何谓他心智？

若说一切诸他心智不能亲知他心等者，云何说之为他心智？便立量言：汝之他心智应非他心智，不能亲缘他心等故，如自色等智。

若能知者，唯识应不成。

此即第二，难彼许缘。若凡及圣诸他心智，亲能缘知他心等者，所说唯识理应不成，许此智缘心外境故。复立量言：汝他心智，应非唯识，许此智缘心外境故，如我此智。喻中不言如我此智，便阙同喻。

然他心智亦能了知他心所法，唯名他心者，从主胜说故。然此不能了知他心能缘心等，亦不了知彼所缘境。若许知者，便有自心知自心过：自心有缘彼，彼有缘自心，故若许知，便有此失。若别时缘，即无此过，自心前后许相缘故。既尔，大乘许一刹那自心返缘彼能缘，彼能缘等，何不许缘？此亦不尔，但许一念自心自缘，谓自证心缘见分等。犹尚不许一念见分返缘自证，岂许见分一念自缘？唯见分能缘他心故。若尔，他心缘自身自证，亦应得说，一念他心智得缘彼境。此亦不尔，前已说故。谓前已说一念见分不许能缘自证分。证自证分，类此亦尔。故他心智，但知他身心心所法，不缘彼境及彼能缘自证分，不名他心智故。此说因位，非佛等心。

△下论主释。

虽知他心，然不如实。

由知他心，名他心智；不如实故，可说唯识。论主且约菩萨已下他心智答。所以者何？此等他心智虽缘他心，不能如实称知彼心，以他心为质，大分是同，不亲缘着，与彼少异，名不如实。至下当知。

颂曰：

他心智云何　知境不如实

如知自心智　不知如佛境（二十）

此颂文意，有征，有解，有逐，有答。所以者何？他心智云何，知境不如实？此外人征。如知自心智，此论主解。伏意亦有自心智，云何知境不如实，外人复逐。第四句颂，不知二字，论主复答。不知者，无知也，由无知故，不能自知。总言不知如佛境者，显成二智不如实知。然依梵本，颂不知字，应言无知不知，无知答逐，不知总显二不如实。今此文略，合言不知，义亦含二，至下当知。

△下外人征，释上半颂。

诸他心智，云何于境不如实知？

汝前所说，若凡若圣诸他心智，既缘他心，云何于境不如实知？然此等文，勘旧论文，非有难解，极有少略，不能繁述，学者当知。

△下论主解，释第三句颂。

如自心智。

以他心为质，而心变缘，名他心智，非能亲取他心等故名他心智；如缘自心诸所有智，亦不亲取，但变而缘，与本质异，名不如实。此自心智说见分者，前后许自变相缘故，非自证分等名为自心智。彼如实知，无异解故。

△下外人逐。

此自心智，云何于境不如实知？

既言他心智如知自心智者，此知自心智，云何于自心所取之境，不如实知？

△下论主答，释颂末句不知二字。

由无知故。

此一颂翻释，由菩萨等无始已来法执所蔽，有此无知覆其心境，令知自心亦不如实；故他心智，由法执力，如知自心，亦不如实。

△下显总成他自心智，不如实知。一无知言，通答上问，及释下因。

二智于境，各由无知所覆蔽故，不知如佛净

智所行不可言境。

若菩萨等，能知他心及知自心二种诸智，名为二智。或现行法执俱无明所覆，或法执种子俱无明所蔽，故言无知所覆蔽也。覆谓覆障，蔽谓隐蔽，覆障所知离言法性，隐蔽自心不称实故。如来净智断法执故，所行真俗依他、圆成二种诸境，体性离言，超思议道，名有为等皆假强名，故佛他心智缘他心时，既称彼境，如实离言，名如实知。诸菩萨等他心智等，不知彼境性离言等，不称彼缘，虽缘他心及缘自心，名不如实。故此说言，诸菩萨等，二智于境，无知所覆，不能了知如佛所行有为无为性离言境，故说彼智，名不如实。

此二于境不如实知，由似外境虚妄显现故；

此重释前不如实义。除佛智外，余他心智及自心智，由有法执，似外境相虚妄现故。虚者不实，妄者颠倒。是故于境，不如实知此第一义，故不如实。

所取能取分别未断故。

此第二释不如实义。由自身中法执，能取所取分别种子犹未断故，此二于境，不如实知。此则总说；若别说者，此他心智，通有、无漏。若有漏者，略有二说。

安慧等云：诸有漏心，唯有自体，无相、见分。如此卷初唯识中说，所说见、相，皆是所执。谓此识体，转似他心相貌生起，他本质心实不缘着，亦自心内不变相分似于他心。由善等心有法执故，自证分上似他相生，此似彼相遍计所执，体性非有。其自体分，依他起摄，即说此为他心智也。

然护法等，此唯识释亦无异解。如《成唯识》，护法等云：谓诸有漏心依他性中，亦有三分。遂作难言：外色实无，可非内识境；他心实有，宁非自所缘？谁说他心非自识境？但不说彼是亲所缘。谓识生时无实作用，非如手等亲执外物，日等舒光亲照外境，但如镜等似外境现，名了他心，非亲能了；亲所了者，谓自所变。故契经言：无有少法能取少法。但识生时，似彼相现，名取彼物。即自心等以他实心为增上缘，所取本质，自心别变作相分心，似他本物。说此见分为了他心，名他心智。

此前二说，皆有漏智。

若是无漏他心智者，如《成唯识论》中，略有三说。诸后得智，有二分耶？

有义俱无，离二取故，同有漏心初师所说。然《佛地论》，虽无漏心，有相无相，略有三说，约后得智，即无此义。此师，菩萨及二乘等诸无漏心，皆有法执。《佛地论》中，亦有此义：似二取现，说有见相，见相即是遍计所执，体是无法，说能所取是所执故，无处正说依他起故。唯二等者，但自证分似于二现，说之为二，依他性中，实无有二，说为他心智，如有漏心说。

问：然佛此智，有相、见否？答：有见无相，不同二乘等诸无漏心。佛之见分，亲了他心，名他心智。释此理妨，如次下师。故此论说，除佛以外，知自他心，虚妄显现二取分别犹未断等，与佛有异，佛无执故，不知如佛净智行境。

有义后得智见有相无，说此智品有分别故，圣智皆能亲照境故，不执着故说离二取。此第二说。《佛地论》中，更有证文，不能繁引。释此文者，若有漏心，便变相分，二取未除，不知如佛净智所行性离言境，都无相分，名不如实；若除佛外诸无漏智，虽能亲取，然自身中有法执种犹未断故，出观以后，诸法可言，或犹起执，名不如实。佛则不尔。故除佛外，无漏此智，不知如佛净智所行不可言境，与佛有异。

若尔，此智既不变相，亲取外境，何名唯识？答：唯识者，据有漏心所起妄执，境非实有。由此理故，唯识但遮所执外法识能亲取，非执外法，何妨亲取！故唯识理，此师亦成。或唯识言，据妄心说；无漏心等，即非唯识。经中但说三界唯心，不说无漏亦唯心故。此违比量、《解深密》等。如前引教，通无漏故。今此二义，前解为胜。

有义后得智二分俱有，说此思惟似真如相，不见真实真如性故，乃至广说。又若此智不变似境，离自体法，应非所缘；缘色等智，应缘声等；又缘无等，应无所缘缘，彼体非实，无缘用故。佛地论中，亦作是说，后得智品，有分别故，所缘境界，或离体故。

如有漏心，似境相现，分明缘照，如是境相，同无漏心。无漏种起，虽有相似有漏法者，然非有漏；如有漏心，似无漏相，非无漏故。《成唯识》中又作是说：现在彼聚心心所法，非此聚识亲所缘缘，他聚摄故，如非所缘。然真如等，与能缘心，不异不一，非他所摄，不可为例。余所引证，如有漏中。

由斯教理，若佛非佛，诸后得智无漏心者，定有相分，亦有见分。然除佛外，余无漏他心智，法执未断，有漏此智，虚妄现故，不知如佛净智所行不可言境，与佛无漏他心智异。

佛他心智，虽变为境，亲似他心，名为如实；以无执故，知性离言。余他心智，亦变为境，未断执故，疏似他心，名不如实；以有执故，不知诸法体性离言。故说有异。

此中通说除佛以外诸他心智，说不如实，非佛此智亲能照了他心等故，名为如实。《成唯识》说：谁说他心非自识境，但不说彼是亲所缘。故佛亦变。若说佛心亲能了者，便与上说理教相违。故佛之心，亦名唯识。

于此义中，略为襃贬。初说无漏心亦无相、见，亦有法执。此不须说，如《成唯识》破无二分，《佛地论》中广破，相分亦有，缘无之心，应非所缘缘故。

然后二师，或说无漏亲取所缘，或说佛心亦变影像。若许亲取，云何应取无法？无法无体，非所缘缘。《观所缘》说，要具二支，是所缘义。此师意说，此心不具所缘缘，余具所缘心，必具二支故。若许无法得为缘者，破经部师量有不定，自许无法得成缘故。若破他为量，非述自宗，故无不定者，又唯识理，亦复相违：亲取心外法，何得名唯识？破他心等取心外法，比量相违，及不定过。此师意说，如下当知。

其第三师，若佛之心亦变影像，不亲取者，应不知无，心内相分是有法故；又应不说遍计所执是凡夫境。由此故知，二说皆是，二说并非。此则双贬。

若别褒者，护法等说，除无分别，必有影像，其理稍胜。所以者何？既说诸心，同镜照物，必有影生，理无乖返；若无影像，违亲所缘。如《佛地论》《成唯识》《瑜伽论》说，心心所法，从四缘生，说缘于无，无漏之心无此缘者，便违圣教，及违比量。

遍计所执，说凡夫境。意说凡夫若心起执，必变为依他内影像相分，此性离言，及离假智。识有执故，执此以为色声法等，不称所变离言影像。说能执心，名为遍计；遍计所取，名为所执。此是无法，不能与识作所缘缘；所变影像，体是有法，与能遍计作所缘缘，亦不违理。但是凡夫起能执心，当情显现，名凡夫境。非说为境故，即是所缘缘。但作所缘，不能作缘，当情现故，无体性故。

如见于绳，眼识无执，是现量摄，得法自相，但见青等离言之境。意识于此，亦自变为离言影像，不知此影像非绳非非绳、非蛇非非蛇。遂执为蛇，不称影像，说此执心，名能遍计，体是有法。所变影像，体亦有法，名所遍计；遍计所取，当情所现，情有理无，说为所执遍计性成。此唯凡夫所行之境，名非圣境，非许无法作所缘缘。若说不称本质，名所执无，应五识等中，亦有法执，有缘顺境亦生瞋故。

因论生论。圆成实性，圣能亲证；凡夫心缘，但可心变，不能亲取。圣人若知遍计无时，亦心变作无之影像，有似于无，非即亲缘遍计所执。依他起性，凡圣之心，俱能亲变，亦亲缘之。约亲所缘，遍计所执，唯凡夫境；圆成实性，唯圣人境。若疏所缘，遍计所执，亦通圣境；圆成实性，亦通凡境。不尔，凡夫加行智等，或遍计心，闻说圆成，应不缘执；圣应不知所执非有。各据义别，亦不相违，依他亲疏，缘皆通二。

又前有难，若无漏心不能亲取境，应不知无者。此亦不然，佛知诸法，皆性离言，非无非有，疏所缘中，以所执境为其本质，增上力故，心变为无，体实是有，相似无法，知此离言法，非如凡夫假智及言二法所取；对凡夫说，此离言法上，凡境为无，名为知无，非是亲以无为相分。《佛地论》云：心所变无，依他起摄；真如理无，圆成实摄。遍计所执，体既非有，若非前二摄，智何所知？由如是等所说理趣，护法为胜。

此中但说除佛无漏智，犹自身中有法执种，凡夫之身或有现行，并言不如佛，非佛此智亲取他心。说缘过去诸无法等，皆准此知。

此前七段：一、四事难议境无，却征境实执；二、释现量证境有，返破忆持执；三、释以梦例觉时，应知境无失；四、释二识成决定，外境非无失；五、释难梦觉心不异，无造行果差失；六、释无境杀无罪，返诘他宗失；七、释不照他心智，识不成失。总是第二：释外所征，广破外执。

从此论首，已有二文：初立论宗，唯识无境，及此所说释外征等，总是第一：正辨本宗，破执释难。

△自下第二，结己所造，叹深推佛。有二：初略总举，叹深推佛；后广别显，结造推深。就初之中，先叹深，后推佛。此即初也。

唯识理趣，无边决择，品类差别，难度甚深。

理者道理，趣者趣况，所趣处也。无边者，无际也。决择者，以觉慧决了简择也。决简染疑，择简邪见。邪见决而不择，疑择而不决。今显智慧所征量法，异邪见疑所行境界，故言决择。品类者，同此等流也。差别者，体有异也。宽广故难度，无底故甚深。此中意说，唯识理趣，若决择品类，有无边差别，弘广难度，无底甚深，叹有无边深广理趣。

非佛谁能具广决择？

此推于佛。如是所说唯识理趣，无边深广，非佛以外，谁能于此具广决择？显己决择非具广也。

△下广别显，结推深。

颂曰：

我已随自能　略成唯识义

此中一切种　难思佛所行（二一）

颂中初半，显己随能，略已成立唯识义理；后半别显唯识之理，除此所明以外诸义，一切种别，难可思议，唯佛所知，非己能说，故应止也。

唯识理趣，品类无边，我随自能，已略成立。

释上半颂。然其唯识所有理趣、品类差别，无量无边，叹甚深广，今我随自所见之能，已略成立少分之义，结所明也。

余一切种，非所思议。

释下半颂。其唯识理，我所明外，余一切种甚深之义，非是我意之所思维，亦非我语所言议也。一切种者，差别理也。所以者何？

超诸寻思所行境故。

此释非己所能思议。寻思者，有分别有漏心等，或四寻伺。其唯识理，要得无漏真智觉时，方能少证；若在佛位，证乃圆明。然我世亲，处在地前，住寻思位，不能如实证唯识理，故非是我之所思议，其唯识理，超寻思境。以上总释颂难思字。以下释颂佛所行也。

如是理趣，唯佛所行，

如是所说超寻思理，唯佛所行，圆满现证，非余所知。有何所以，非余所能，独佛圆证？

诸佛世尊于一切境及一切种智无碍故。

一切境者，诸法共相，即一切智境；一切种者，诸法自相，一切种智境。智者，即是缘此如理如量二智。若依梵本，应言一切智。此中言略，二境所缘，一智能缘。由佛世尊于此二境所有二智断结种故，皆无障碍，故于唯识一切种理，皆能了知。二障尽故，无有漏故，长时修故，智圆满故，所以非佛不能圆满行尽理趣，故我今时，且说少分。

《成唯识》说：谓诸菩萨，于识性相，资粮位中，能深信解；在加行位，能渐伏断所取能取，引发真见；在通达位，如实通达；修习位中，如所见理数数修习，伏断余障；至究竟位，出障圆明，能尽未来，化有情类，复令悟入唯识相性。《辨中边论》护月释云：无著菩萨先在地前加行位中增上忍时，闻慈氏尊说此中边所有颂已，得入初地，为世亲说；世亲菩萨先住地前顺解脱分回向终心，闻无著说此弥勒颂，令其造释，得入加行初暖位中。应是圣者相传此说，所以护月遂有此言，非无逗留而为此义。真谛说是十回向内第二回向中。世亲既住地前位中，如《成唯识》，未证唯识真实道理，仰推于佛，理不为疑；虽可推上八地菩萨，未圆出障，故但推佛。

　　已随执笔，敢受指麾，略述斯疏。其间文义，有所亏拙，是
己寡学，拙智穷思，幸诸学者，详而靡尤。

唯识三十论

世亲菩萨 造

玄奘法师 译

护法等菩萨，约此三十颂造《成唯识》。今略标所以。

谓此三十颂中，初二十四行颂明唯识相，次一行颂明唯识性，后五行颂明唯识行位。

就二十四行颂中，初一行半略辩唯识相，次二十二行半广辩唯识相。

谓外问言：若唯有识，云何世间及诸圣教说有我法？举颂诹答，颂曰：

> 由假说我法　有种种相转
>
> 彼依识所变　此能变唯三（一）
>
> 谓异熟思量　及了别境识

次二十二行半广辩唯识相者。由前颂文略标三能变，今广明三变相。且初能变，其相云何：颂曰：

> 初阿赖耶识　异熟一切种（二）

不可知执受　处了常与触

作意受想思　相应唯舍受（三）

是无覆无记　触等亦如是

恒转如瀑流　阿罗汉位舍（四）

已说初能变。第二能变，其相云何？颂曰：

次第二能变　是识名末那

依彼转缘彼　思量为性相（五）

四烦恼常俱　谓我痴我见

并我慢我爱　及余触等俱（六）

有覆无记摄　随所生所系

阿罗汉灭定　出世道无有（七）

如是已说第二能变。第三能变，其相云何？颂曰：

次第三能变　差别有六种

了境为性相　善不善俱非（八）

此心所遍行　别境善烦恼

随烦恼不定　皆三受相应（九）

初遍行触等　次别境谓欲

胜解念定慧　所缘事不同（十）

善谓信惭愧　无贪等三根

勤安不放逸　行舍及不害（十一）

烦恼谓贪瞋　痴慢疑恶见

随烦恼谓忿　恨覆恼嫉悭（十二）

诳谄与害憍　无惭及无愧

掉举与惛沉　　不信并懈怠（十三）

放逸及失念　　散乱不正知

不定谓悔眠　　寻伺二各二（十四）

已说六识心所相应。云何应知现起分位？颂曰：

依止根本识　　五识随缘现

或俱或不俱　　如涛波依水（十五）

意识常现起　　除生无想天

及无心二定　　睡眠与闷绝（十六）

已广分别三能变相为自所变，二分所依。云何应知依识所变，假说我法，非别实有，由斯一切唯有识耶？颂曰：

是诸识转变　　分别所分别

由此彼皆无　　故一切唯识（十七）

若唯有识，都无外缘，由何而生种种分别？颂曰：

由一切种识　　如是如是变

以展转力故　　彼彼分别生（十八）

虽有内识而无外缘，由何有情生死相续？颂曰：

由诸业习气　　二取习气俱

前异熟既尽　　复生余异熟（十九）

若唯有识，何故世尊处处经中说有三性？应知三性亦不离识，所以者何？颂曰：

由彼彼遍计　　遍计种种物

此遍计所执　　自性无所有（二十）

依他起自性　　分别缘所生

　　　圆成实于彼　　常远离前性（二一）

　　　故此与依他　　非异非不异

　　　如无常等性　　非不见此彼（二二）

若有三性，如何世尊说一切法皆无自性？颂曰：

　　　即依此三性　　立彼三无性

　　　故佛密意说　　一切法无性（二三）

　　　初即相无性　　次无自然性

　　　后由远离前　　所执我法性（二四）

　　　此诸法胜义　　亦即是真如

　　　常如其性故　　即唯识实性（二五）

后五行颂明唯识行位者。

论曰：如是所成唯识性相，谁依几位如何悟入？

谓具大乘二种种性。一本性种性，谓无始来依附本识法尔，所得无漏法因。二谓习所成种性，谓闻法界等流法已，闻所成等熏习所成。具此二性方能悟入。

何谓五位，一资粮位，谓修大乘顺解脱分，依识性相能深信解。其相云何？颂曰：

　　　乃至未起识　　求住唯识性

　　　于二取随眠　　犹未能伏灭（二六）

二加行位，谓修大乘顺决择分，在加行位能渐伏除所取能取。其相云何？

　　　现前立少物　　谓是唯识性

　　　以有所得故　　非实住唯识（二七）

三通达位，谓诸菩萨所住见道，在通达位如实通达。其相云何？

若时于所缘　智都无所得

尔时住唯识　离二取相故（二八）

四修习位，谓诸菩萨所住修道，修习位中如实见理数数修习。其相云何？

无得不思议　是出世间智

舍二粗重故　便证得转依（二九）

五究竟位，谓住无上正等菩提，出障圆明能尽未来化有情类。其相云何？

此即无漏界　不思议善常

安乐解脱身　大牟尼名法（三十）

六门教授习定论

无著菩萨 造颂　世亲菩萨 释
义净法师 译

　　今欲利益一切有情，令习世定及出世定速能舍离诸烦恼故，述此方便。颂曰：

　　　　求脱者积集　　于住勤修习

　　　　得三圆满已　　有依修定人

　　释曰：此初一颂总标六门。言求脱者谓是求解脱人。积集者谓能积集胜行资粮。于住勤修习者于所缘处令心善住名之为定，由不散乱不动摇故。云何修习？谓得三圆满已有依修定人。圆满有三，一师资圆满，二所缘圆满，三作意圆满。有依谓是三定，一有寻有伺定，二无寻唯伺定，三无寻无伺定。修定人者谓能修习奢摩他、毗钵舍那。若人能于解脱起愿乐心，复曾积集解脱资粮，心依于定，有师资等三而为依止，有依修习，由习定故能获世间诸福及以殊胜圆满之果。先作如是安立次第，故名总标。颂曰：

> 于三乘乐脱　名求解脱人
> 二种障全除　斯名为解脱
> 应知执受识　是二障体性
> 惑种一切种　由能缚二人
> 已除烦恼障　习气未蠲除
> 此谓声闻乘　余唯佛能断
> 若彼惑虽无　作仪如有惑
> 是习气前生　若除便异此

释曰：此之四颂释求解脱者，谓于声闻乘等有差别故，于三乘中心乐解脱名求解脱。云何解脱？二种障全除斯名为解脱。

何者是二障除之名解脱？应知执受识是二障体性，识者即是阿赖耶识，执受者是依止义，谓是烦恼所知二障体性。此复云何？惑种即是烦恼障自性，一切种即是所知障自性。又一切种者即是二障种子能缚二人，烦恼障种子能缚声闻，一切种子能缚菩萨，由与声闻、菩萨为系缚故。

云何此二解脱差别？谓声闻人习气未除，断烦恼障而证解脱，唯佛世尊能总除故。

云何习气？彼惑虽无，所作形仪如有惑者，是名习气。此中应言，若惑虽无令彼作相如有惑者，此言作仪如有惑者即是于因说果名故。彼，谓声闻、独觉。未知此是谁之习气？谓是前生所有惯习之事尚有余气，今虽惑尽所为相状似染形仪名为习气。若能除断，与此不同，应云若彼习皆无，不作仪如惑。颂曰：

> 种植诸善根　无疑除热恼
> 于法流清净　是名为积集

　　能持乐听法　　善除其二见

　　但闻心喜足　　是四事应知

　　释曰：此之二颂释积集义。如经中说此人先应修习多闻，复听正法诸见热恼已正蠲除，心之盖缠能正降伏，依此文义故说初颂。云何积集所有善根？谓能持正法故，以此为先令其信等善法增故。云何无疑？谓乐听法故，由知法故已生未生所有疑惑悉能除灭。云何除热恼？谓除二见故。二见云何？一者欲令他识知见，二者自起高举见。谓作是念如何令他得知我是具德之人，是则名为令他识见，依此见故自欲高举名自高见，此二能令心焦热故名为热恼。云何法流清净？谓能除遣但闻法是心生喜足故，上之除字流入于此。于法流清净者谓听法时心无散乱相续而流，心清净故盖缠止息。若听法无厌，更能进思，勤修不息，方得名为法流清净，当知此据闻思修位，如次应知。

　　次有十六颂释于住勤修习，初一总标，余是别释。颂曰：

　　所缘及自体　　差别并作意

　　心乱住资粮　　修定出离果

言所缘者有其三种：

　　外上及以内　　此三所缘生

　　应知住有三　　自体心无乱

　　释曰：言三种者，一外缘，二上缘，三内缘。外缘谓白骨等观所现影像是初学境界，上缘谓未至定缘静等相，内缘谓从其意言所现之相为所缘境。自体谓是心无乱相名之为住，心无乱者于外等处三种缘时随其所缘心无动乱。颂曰：

　　第一住相应　　定心者能见

> 于境无移念　相续是明人
>
> 第二住相应　厌离心寂静
>
> 专意无移念　相续是明人
>
> 第三住相应　于前境凝住
>
> 定意无移念　相续是明人

释曰：此之三颂如其次第配外上内。言于境无移念者谓于余境心无散乱故名无移，相续者坚守持心令不断绝，言明人者或因自思或从他教于静虑法而起加行是谓明，应知如次是随法行及随信行种姓。言厌离心寂静，专意无移念者，谓于其境生厌离心，前唯观境未能生厌，今时专注心生厌离而不散动。于前境凝住者，谓于意言所现之境，缘此境时其心凝定，故云定意无移念，相续是明人。颂曰：

> 坚执及正流　并覆审其意
>
> 转得心欢喜　对治品生时
>
> 惑生能息除　加行常无闲
>
> 能行任运道　不散九应知

释曰：于彼住中差别有九，谓最初住、正念住、覆审住、后别住、调柔住、寂静住、降伏住、功用住、任运住。此等并依阿笈摩经随句次第而为修习。若于最初学缘境时其心坚执名最初住，次于后时令其正念流注不断名正念住，若依托此有乱心生更覆审察缘境而住名为覆审住，次于后时转得差别名后别住，次于后时对治生起心得自在生欢喜时名调柔住，于此喜爱以无爱心对治生时无所爱乐其心安静名寂静住，次于后时所有已生未生重障烦恼为降伏故名降伏住，次于后时以加行心于所缘境无间随转一缘而住名为功用住,次于后时于所缘境心无加行任运随流无间入定缘串习道名任运住。此之九种心不流散名之为住,应知以此不散之言与坚执等皆相配属。颂曰:

<blockquote>
励力并有隙　　有用及无用
此中一六二　　四作意应知
谓外内邪缘　　粗重并作意
此乱心有五　　与定者相违
于彼住心缘　　不静外散乱
掉沉心昧着　　内散乱应知
应识邪缘相　　谓思亲族等
生二种我执　　是名粗重乱
见前境分明　　分别观其相
是作意散乱　　异斯唯念心
于作意乱中　　复有其乱相
于乘及静虑　　初二应除遣
</blockquote>

释曰:应知作意有其四种,一励力荷负作意,二有间荷负作意,三有功用荷负作意,四无功用荷负作意。此中坚执不散是励力荷负作意,初用功力而荷负故;次正流等六种不散是有间荷负作意,中间数有乱心起故;无间加行是有功用行荷负作意;入串习道是无功用行荷负作意。如是摄已,谓一六二应知即是四种作意。

又心散乱有其五种,一外心散乱,二内心散乱,三邪缘心散乱,四粗重心散乱,五作意心散乱。外心散乱者,于住心境起缘之时,遂缘余事心流散故;内心散乱者,谓掉举等三于所缘境中间乱起故;邪缘散乱者,于修定时诸有寻求亲识等事而生顾恋;粗重心散乱者,有二我执令其心乱,于修定时有此二事谓益及损,若身安隐名之为益,身体羸弱即是其损,或云我今得乐或云我今有苦,或云是我之乐或云是我之苦,此中我者是执取义;言作意心散乱者有其三种,于所缘相分明而住是思察性,或从此乘更趣余乘或从此定更趣余定,谓极分别思察定时遂使心乱名心散乱。异斯唯念心者,此余对治初作意散乱,由不分别而缘于境但有念心,此明成就心不忘念。此三散乱初二应舍,第三由是从定趣定希胜上故亦非是过。颂曰:

> 住戒戒清净　是资粮住处
> 善护诸根等　四净因应知
> 正行于境界　与所依相符
> 于善事勤修　能除诸过失
> 最初得作意　次得世间净
> 更增出世住　三定招三果

释曰:住资粮者,谓戒即是无边功德所依止处,必先住戒戒行清净无有缺犯。若求戒净有四种因,一善护诸根,二饮食知量,三初夜后夜能自警觉与定相应,四于四威仪中正念而住。何故善护诸根等令戒清净?由正行于境与所依相符善事勤修能除于过。初因即是于所行境行清净故,二于所依身共相符顺于受饮食离多少故,三于善事发起精勤故,四能除过失进止威仪善用心故,由此四因戒得清净,如是应知。

由三种定得三出离,缘外境时得作意住,缘上境时得世清净,缘内心时得出世清净,住者即是永得出离必趣涅槃更不退转。已释于住勤修习。颂曰：

> 多闻及见谛　善说有慈悲
>
> 常生欢喜心　此人堪教定
>
> 尽其所有事　如所有而说
>
> 善解所知境　斯名善教人
>
> 由闻生意言　说为寂灭因
>
> 名寂因作意　是谓善圆满

释曰：圆满有三，一师资圆满，二所缘圆满，三作意圆满。此中初颂说师资圆满，意显其人善教圆满，证悟圆满，善语圆满，无染心圆满，相续说法加行圆满，此显教授师众德圆满，由此师故得闻正法有所证悟。

次明所缘圆满说第二颂，尽所有事，如事而说，善所知境名为善说，此明师资能说诸事穷尽无悋故名所缘圆满。

次明作意圆满说第三颂，此显以闻为因所起意言能与圣道涅槃为正因故，缘此意言所有作意皆得圆满。此中因言显闻即是意言之因，言寂灭者即是涅槃及以道谛，自体寂灭及能趣灭故总言之，寂因作意者明此作意缘寂灭因。何谓所缘了法无性？如是缘时即是其因亦是寂灭，故此作意名为寂因，是一体释。又缘此作意亦名寂因，此别句释。颂曰：

> 谓寻求意言　此后应细察
>
> 意言无即定　静虑相有三
>
> 无异缘无相　心缘字而住
>
> 此是心寂处　说名奢摩他
>
> 观彼种种境　名毗钵舍那

复是一瑜伽　　名一二分定
粗重障见障　　应知二种定
能为此对治　　作长善方便

释曰：次明有依。诸修定者必有依托，谓依三定说寻求等。言寻求者显是有寻，既言有寻准知有伺。言细察者显无寻唯伺，意言无者欲显无寻无伺，寻伺皆以意言为性，此据奢摩他法明其定义。说无异缘等此明无差异义，但缘其字而心得住名无异缘，亦名无相，但缘其字观于义相所有作意非彼相故。此住名奢摩他，奢摩是寂止义，他是处义，非独奢摩得尽于事，谓据其心寂止之处心得凝住依止于定，此定即是凝心住处故名奢摩他，异此便无。

次据毗钵舍那法明其定义说次一颂，谓依多境名为众观，所言彼者谓与彼二俱相属着即奢摩他及所缘字，是依奢摩他得毗钵舍那，依于字处所有诸义起诸观故，于寂止处所有众义依仗于字谓缘众义而起观察名为众观。名一二分定者或时但有寂处而无众观，或有众观而非寂处，或时俱有应知即是止观双运。又奢摩他、毗钵舍那有二种障，谓粗重障及见障，应知二定是此对治如次应配。何故此二名长善方便？能长善法之方便故。云何令方便法得善清净耶？颂曰：

此清净应知　　谓修三种相
寂止策举舍　　随次第应知
若心沉恐没　　于妙事起缘
若恐掉举生　　厌背令除灭
远离于沉掉　　其心住于舍
无功任运流　　恒修三种相

> 定者修三相　不独偏修一
>
> 为遮沉等失　复为净其心

释曰：为答前问，求净定者修三种相。云何为三？谓止举舍。复云何修？随次第应知，随其惑障生起之时应次修习。在于何时复修何相？且辩策举相，若心沉恐没，定者修三相如下当知。若心沉没可修策举相，何者是耶？于妙事起缘令心喜为相。又寂止相者若心掉举或恐掉举应修寂处，此云何修？厌背令除灭，于所缘境极生厌恶自内心令过止息。舍相者谓离沉掉，于何心中，谓心住舍，此舍相者即是无功任运流恒修三种相。如是次第修三相时，诸习定者得清净相。又奢摩他等次第即是定者于此三相不独修一，何以故？为遮沉等失复为净其心，若但修止内心沉没，既沉没时便应策举，若因策举心掉散者观不净境令生厌离，于此舍相正修习时名为正定能尽有漏，由此遂令心极清净。应知此中皆是随顺正经文句，如理应思。颂曰：

> 出离并爱乐　正住有堪能
>
> 此障惑皆除　定者心清净

释曰：此明清净之益。依《去尘经》说，佛告诸苾刍若人欲求内心净时，有惑障现前不能除灭欲断除者，先于不善业道勿造大过息罪恶见，而求出家希求出离。若处中烦恼欲瞋害意起恶寻思障胜爱乐，能除此障说爱乐言。若有微细眷属寻思世间寻思不死寻思障其正住，对治此故说正住言。若有功用方入定者，此定即非堪任之性，若能除此显有堪任能除于惑说堪能言。此显净定之人得四种胜益。云何修定入果？颂曰：

> 于此定门中　所说正修习

俗定皆明了　　亦知出世定

此颂意显修习奢摩他毗钵舍那者获现果故，若人能依所说定相修习之时得诸世间胜果圆满及出世果，如前已说。问曰：如上所说欲明何事？答曰：

显意乐依处　　本依及正依

世间定圆满　　并了于出世

释曰：略说义周为会前事故说斯颂。如最初云求脱者为显意乐圆满。积集者依处圆满，此明有心修定必须依托积集资粮故。于住勤修习者显本依圆满，如经中说佛告诸苾刍，汝等先当依定能尽有漏是我所说，若欲求出生死海者离于正定无别方便。得三圆满者显正依圆满，明师资承禀决定可依。有依修定人者此显修习圆满，诸有智者如前所说远离放逸正修行时世间诸定悉皆圆满，及出世间咸能证悟显得果圆满。

观所缘缘论

陈那菩萨 造
玄奘法师 译

诸有欲令眼等五识，以外色作所缘缘者，或执极微，许有实体，能生识故；或执和合，以识生时，带彼相故。二俱非理，所以者何？

> 极微于五识　设缘非所缘
>
> 彼相识无故　犹如眼根等

所缘缘者，谓能缘识，带彼相起，及有实体，令能缘识，托彼而生。色等极微，设有实体，能生五识，容有缘义，然非所缘，如眼根等，于眼等识，无彼相故，如是极微，于眼等识，无所缘义。

> 和合于五识，设所缘非缘，
>
> 彼体实无故，犹如第二月。

色等和合，于眼识等，有彼相故，设作所缘，然无缘义，如眼错乱，见第二月，彼无实体，不能生故。如是和合，于眼等识，无有缘义。故外二事，于所缘缘，互阙一支，俱不应理。

有执色等,各有多相,于中一分,是现量境,故诸极微相资,各有一和集相,此相实有,各能发生似已相识故,与五识作所缘缘。此亦非理,所以者何?

　　　　和集如坚等　　设于眼等识

　　　　是缘非所缘　　许极微相故

如坚等相,虽是实有,于眼等识,容有缘义,而非所缘,眼等识上,无彼相故。色等极微,诸和集相,理亦应尔,彼俱执为极微相故。执眼等识,能缘极微,诸和集相,复有别失。

　　　　瓶瓯等觉相　　彼执应无别

　　　　非形别故别　　形别非实故

瓶瓯等物,大小等者,能成极微,多少同故。缘彼觉相,应无差别,若谓彼物形相别故,觉相别者,理亦不然,项等别形,惟在瓶等假法上有,非极微故。

彼不应执,极微亦有差别形相,所以者何?

　　　　极微量等故　　形别唯在假

　　　　析彼至极微　　彼觉定舍故

非瓶瓯等,能成极微,有形量别,舍微圆相,故知别形,在假非实。

又形别物,析至极微,彼觉定舍,非青等物,析至极微,彼觉可舍,由此形别,唯世俗有,非如青等,亦在实物。是故五识,所缘缘体非外色等,其理极成。

彼所缘缘,岂全不有?非全不有,若尔云何?

　　　　内色如外现　　为识所缘缘

　　　　许彼相在识　　及能生识故

外境虽无，而有内色，似外境现，为所缘缘，许眼等识，带彼相起，及从彼生，具二义故，此内境相，既不离识，如何俱起，能为识缘？

决定相随故　俱时亦作缘

或前为后缘　引彼功能故

境相与识，定相随故；虽俱时起，亦作识缘。因明者说，若此于彼，有无相随，虽俱时生，而亦得有因果相故，或前识相，为后识缘，引本识中，生似自果，功能令起，不违理故。

若五识生，惟缘内色，如何亦说，眼等为缘？

识上色功能　名五根应理

功能与境色　无始互为因

以能发识，比知有根，此但功能，非外所造。故本识上，五色功能，名眼等根，亦不违理。功能发识，理无别故。在识在余，虽不可说，而外诸法，理非有故。定应许此，在识非余。此根功能，与前境色，从无始际，展转为因。谓此功能，至成熟位，生现识上，五内境色；此内境色，复能引起，异熟识上，五根功能。根境二色，与识一异，或非一异，随乐应说。如是诸识，唯内境相，为所缘缘，理善成立。

因明入正理论

商羯罗主菩萨 造
玄奘法师 译

> 能立与能破　及似唯悟他
> 现量与比量　及似唯自悟

如是总摄诸论要义。

此中宗等多言，名为能立，由宗因喻多言，开示诸有问者未了义故。此中宗者，谓极成有法，极成能别，差别性故。随自乐为所成立性，是名为宗。如有成立声是无常。

因有三相。何等为三？谓遍是宗法性，同品定有性，异品遍无性。云何名为同品、异品？谓所立法均等义品，说名同品。如立无常，瓶等无常，是名同品。异品者，谓于是处无其所立，若有是常，见非所作，如虚空等。此中所作性或勤勇无间所发性，遍是宗法，于同品定有性，异品遍无性，是无常等因。

喻有二种：一者同法，二者异法。同法者，若于是处显因同品决定有性。谓若所作，见彼无常，譬如瓶等。异法者，若于是处，说所立无，因遍非有。谓若是常，见非所作，如虚空等。此中常言，表非无常。非所作言，表无所作。如有非有，说名非有。已说宗等。

如是多言，开悟他时，说名能立。如说声无常者，是立宗言。所作性故者，是宗法言。若是所作，见彼无常，如瓶等者，是随同品言。若是其常，见非所作，如虚空者，是远离言。唯此三分，说名能立。

虽乐成立，出与现量等相违故，名似立宗。谓现量相违，比量相违，自教相违，世间相违，自语相违，能别不极成，所别不极成，俱不极成，相符极成。

此中现量相违者，如说声非所闻。

比量相违者，如说瓶等是常。

自教相违者，如胜论师立声为常。

世间相违者，如说怀兔非月，有故。又如说言，人顶骨净，众生分故，犹如螺贝。

自语相违者，如言我母是其石女。

能别不极成者，如佛弟子对数论师，立声灭坏。

所别不极成者，如数论师对佛弟子，说我是思。

俱不极成者，如胜论师对佛弟子，立我以为和合因缘。

相符极成者，如说声是所闻。

如是多言是遣诸法自相门故，不容成故，立无果故，名似立宗过。已说似宗，当说似因。不成、不定及与相违，是名似因。不成有四：一两俱不成，二随一不成，三犹豫不成，四所依不成。

如成立声为无常等，若言是眼所见性故，两俱不成。

所作性故，对声显论，随一不成。

于雾等性起疑惑时，为成大种和合火有，而有所说，犹豫不成。

虚空实有，德所依故，对无空论，所依不成。

不定有六：一共，二不共，三同品一分转、异品遍转，四异品一分转、同品遍转，五俱品一分转，六相违决定。

此中共者，如言声常，所量性故。常无常品，皆共此因，是故不定。为如瓶等，所量性故，声是无常；为如空等，所量性故，声是其常。

言不共者，如说声常，所闻性故。常无常品，皆离此因；常无常外，余非有故，是犹豫因。此所闻性，其犹何等？

同品一分转、异品遍转者，如说声非勤勇无间所发，无常性故。此中非勤勇无间所发宗，以电空等为其同品，此无常性于电等有，于空等无；非勤勇无间所发宗，以瓶等为异品，于彼遍有。此因以电瓶等为同法，故亦是不定。为如瓶等，无常性故，彼是勤勇无间所发；为如电等，无常性故，彼非勤勇无间所发。

异品一分转、同品遍转者，如立宗言，声是勤勇无间所发，无常性故。勤勇无间所发宗，以瓶等为同品，其无常性，于此遍有；以电空等为异品，于彼一分电等是有，空等是无。是故如前，亦为不定。

俱品一分转者，如说声常，无质碍故。此中常宗，以虚空、极微等为同品，无质碍性，于虚空等有，于极微等无；以瓶乐等为异品，于乐等有，于瓶等无。是故此因，以乐以空为同法故，亦名不定。

相违决定者，如立宗言，声是无常，所作性故，譬如瓶等。有立声常，所闻性故，譬如声性。此二皆是犹豫因故，俱名不定。

相违有四：谓法自相相违因，法差别相违因，有法自相相违因，有法差别相违因等。此中法自相相违因者，如说声常，所作性故，或勤勇无间所发性故。此因唯于异品中有，是故相违。

法差别相违因者，如说眼等必为他用，积聚性故，如卧具等。此因如能成立眼等必为他用，如是亦能成立所立法差别相违积聚他用，诸卧具等为积聚他所受用故。

有法自相相违因者，如说有性非实非德非业，有一实故，有德业故，如同异性。此因如能成遮实等，如是亦能成遮有性，俱决定故。

有法差别相违因者，如即此因，即于前宗有法差别作有缘性，亦能成立与此相违作非有缘性，如遮实等，俱决定故。已说似因，当说似喻。

似同法喻有其五种：一能立法不成，二所立法不成，三俱不成，四无合，五倒合。

似异法喻亦有五种：一所立不遣，二能立不遣，三俱不遣，四不离，五倒离。

能立法不成者，如说声常，无质碍故，诸无质碍见彼是常，犹如极微。然彼极微，所成立法常性是有，能成立法无质碍无，以诸极微质碍性故。

所立法不成者，谓说如觉。然一切觉能成立法无质碍有，所成立法常住性无，以一切觉皆无常故。

俱不成者，复有二种，有及非有。若言如瓶，有俱不成。若说如空，对非有论，无俱不成。

无合者，谓于是处无有配合，但于瓶等双现能立所立二法。如言于瓶见所作性及无常性。

倒合者，谓应说言，诸所作者皆是无常，而倒说言，诸无常者皆是所作，如是名似同法喻品。

似异法中，所立不遣者，且如有言，诸无常者见彼质碍，譬如极微。由于极微所成立法常性不遣，彼立极微是常性故。能成立法无质碍无。

能立不遣者，谓说如业，但遣所立，不遣能立，彼说诸业无质碍性。

俱不遣者，对彼有论，说如虚空，由彼虚空不遣常性无质碍故，以说虚空是常性故，无质碍故。

不离者，谓说如瓶，见无常性，有质碍性。

倒离者，谓如说言，诸质碍者皆是无常。

如是等似宗因喻言，非正能立。

复次为自开悟，当知唯有现比二量。

此中现量谓无分别。若有正智于色等义，离名种等所有分别，现现别转，故名现量。

言比量者，谓藉众相而观于义。相有三种，如前已说。由彼为因，于所比义有正智生，了知有火或无常等，是名比量。

于二量中，即智名果，是证相故。如有作用而显现故，亦名为量。

有分别智于义异转，名似现量。谓诸有智了瓶衣等分别而生，由彼于义不以自相为境界故，名似现量。

若似因智为先所起诸似义智，名似比量。似因多种如先已说。用彼为因，于似所比诸有智生，不能正解，名似比量。

复次，若正显示能立过失，说名能破。谓初能立缺减过性，立宗过性，不成因性，不定因性，相违因性，及喻过性。显示此言，开晓问者，故名能破。

　　若不实显能立过言，名似能破，谓于圆满能立，显示缺减性言。于无过宗，有过宗言。于成就因，不成因言。于决定因，不定因言。于不相违因，相违因言。于无过喻，有过喻言。如是言说名似能破，以不能显他宗过失，彼无过故。

　　且止斯事。

　　　　已宣少句义　　为始立方隅

　　　　其间理非理　　妙辩于余处

八识规矩颂贯珠解

玄奘法师 造颂
范古农居士 解

此颂唐玄奘法师所作。将心王八识，类分为四，各作三颂，均前二颂论凡界，后一颂论圣界。注解用贯珠法，将颂句分析嵌入。

前五识

性境现量通三性　眼耳身三二地居

遍行别境善十一　中二大八贪嗔痴

眼识、耳识、鼻识、舌识、身识，此为五识。其所缘之境，于三境，惟是性境。其能缘之量，于三量中，惟是现量。其业性，则通乎善、恶、无记三性。

在有情界九地之中，鼻舌两识，惟第一五趣杂居地行之，二地以上则不行矣。眼耳身三识，则以第二离生喜乐地为居止之所，三地以上亦不行矣。

其相应心所，共有三十四个，为遍行五，别境五，善十一。中随烦恼二，更有大随烦恼八个，及根本烦恼之贪嗔痴三者。

> 五识同依净色根　九缘八七好相邻
>
> 合三离二观尘世　愚者难分识与根

此五识所依而发之根，其形状各殊者，为浮尘根。若就胜义根言，则同依于肉眼不见、天眼方见之清净色法所成之根，无别异也。

识虽依根而发，苟缺他缘，亦不能显，故统论其依缘。则眼识，须藉明空等九缘。耳识，则藉除明外之八缘。鼻舌身三识，则藉除明空外之七缘。小异大同，好相邻近也。

至于对境而观五尘世间，须根境相合者，为鼻舌身三识；须根境相离者，为眼耳二识。其观察尘世之不同有如此者。

对境生情，孰为其主？彼小圣之愚于法相者，尚难分别是识根，况凡夫耶！此五识之情状，所以日用而鲜知也。

> 变相观空唯后得　果中犹自不诠真
>
> 圆明初发成无漏　三类分身息苦轮

凡圣之殊，系于迷悟；迷者执妄，悟者解空；执妄为识，解空为智。若诸识于所缘境，能不起迷执，而观察我空法空之理，此即转识成智之功，超凡入圣之基也。然此所观空理，即是真如，有体有相。而此能观妙智，亦遂有二种之异。能直观真如之体者，为根本智；须变起真如之相而观之者，为后得智。今五识观空之智，但能缘变起之相，故唯属后得耳。

此五识不在因地转智，而在果地中转。犹且自己不诠（证也）真如，故五识所转之智，唯属后得，不属根本智也，明矣。

云何转智？菩萨地尽，入如来地，此谓藏识转为大圆镜智，光明初发，其所持之五根转为无漏色法。则依此而发之五识，亦成为无漏五智，所谓成所作智也。

此五智，即能成就如来所作三类分身。谓对地前菩萨，作千丈胜应身。对二乘凡夫，作丈六劣应身。对余道众生，作随类变化身。而此无量分身，遍十方刹。无非令诸众生，息生死苦轮，得证佛果，作利他事业也。

意识

> 三性三量通三境　　三界轮时易可知
>
> 相应心所五十一　　善恶临时别配之

吾人通常思念之心，是为意识。其业性通有善性、恶性、无记性三性，其能缘量通有现量、比量、非量三量，其所缘境通有性境、带质境、独影境三境。

意识遍行于欲、色、无色之三界，故三界众生轮回未息时，此识相粗。无论升沉，显易可知，非如后二识之不易知也。

其相应心所，则具足五遍行、五别境、十一善、六根本烦恼、二十随烦恼、四不定，共有五十一个。

意识起念，或善或恶或为无记。临时即有此善恶无记心所，分别支配与之相应，不差毫厘。

> 性界受三恒转易　　根随信等总相连
>
> 动身发语独为最　　引满能招业力牵

意识需缘简少，故得恒时生起，而变动不居，在造因则三性恒转变易，在结果则三界恒转变易。至于触境生感，忽乐、忽苦、忽忧、忽喜、忽舍，其于五受亦恒转变易。此于性界受三者，恒常辗转变易之状也。

心上既恒转变易，心所自亦如是。时而根本烦恼与之相应，时而大中小随烦恼与之相应，时而信等善法、或不定、或别境，与之相应，总相牵连无时或离也。

意识之情状如此，所以能牵动身根而造身业，启发口舌而造语业。较之余识，其力为独强，其用为最烈。

夫吾人所造外语等业，熏于藏识，而成来世因种者，有二类。其一能引起来世总报之果，其二能成满来世别报之果。总之六道众生，能招来世之果报者，皆此意识造业之力牵令趣生而已，故此识为凡界中最有权力者矣。

发起初心欢喜地　　俱生犹自现缠眠

远行地后纯无漏　　观察圆明照大千

意识转智，亦在不执虚妄法尘，而观达二空真如。然其转智次第，要有三位。若其发起最初与智相应心品，即在菩萨第一圣位欢喜之地。

然在初地，惟分别我法二执已断，其俱生我法二执，犹尚自然现行，缠绕于用事。种子随眠于藏识，而未伏且断也。

若至菩萨第七圣位远行地后，则俱生我执之种子已断，法执之现行已伏。此时意识，纯为无漏，即第一位转智也。

直至入如来地，则意识之法执种子亦断，为第三转智究竟成就之位。能观察诸法性相，圆满光明，遍照大千世界，无不洞澈。如来见机说法，端赖于此，所以称为妙观察智也。

末那识

带质有覆通情本　　随缘执我量为非

八大遍行别境慧　　贪痴我见慢相随

意根谓之染污识。继意识第六，故又称为第七识。此识缘藏识之见分为带质境。其业性为无记性，然无记有二。与染法相应，能覆障净法者，谓之有覆，非是则为无覆，而此识属于有覆。又此识所缘之为带质境者，虽仗藏识见分之本质而起，而为由自识所解之我境，故一边通乎自识，一边通乎本质，谓之通情本也。

此识随其所缘藏识见分，执之为我，是众生我执之所由致也。夫藏识之见分，原非是我，认非我为我，故其能缘之量成为非量。

其相应心所，但有十八个，为八个大随烦恼，五个遍行，而别境中一个慧。

更有贪痴我见及慢之四个根本烦恼，与之相随而不舍离。

恒审思量我相随　　有情日夜镇昏迷

四惑八大相应起　　六转呼为染净依

此识思量之功，在八识中最为优异。其优异之点，盖在恒常详审二者。然其所以为思量者，惟此妄执之我相随逐之不舍而已。

惟此识将妄执之我相，恒常思惟，详审量度，致令一切有情从无始来，日夜不息，分别人我，镇住于六道而不肯出离，昏迷于二执而未曾觉悟也。

此识即具我见、痴、贪、慢四惑与八个大随烦恼，恒相应起。自己虽不造业，令所发之意识因此染污而造作染业矣。

眼耳鼻舌身意六种辗转而起之识，皆依此识而上，此识染污。故前六转识染污，此识若还清净，则前六转以清净。此诸识缘中，所以呼此识为染净依也。

> 极喜初心平等性　无功用行我恒摧
> 如来现起他受用　十地菩萨所被机

末那为意识之根，故其转智，必借意识转智之功而成。菩萨初极喜地，意识已断分别我法二执种子，初心转智，故此识亦初心转智，而始成平等性。

至第八不动地，意识第二位转智，则此识亦于斯时第二位转智。此后借无功用行，任运将此识之我执种子，恒常摧灭，不复增长。

入如来地，妙观察智究竟圆成，则此识所转之平等性智，亦复成就，如来能现自他不二之境，起他所受用之身，即依于此智耳。

此智所现佛身，盖为教化初地至第十地诸圣位菩萨而设。亦惟此等菩萨，为所被之机而得受用，此所以为他受用也。

阿赖那识

> 性惟无覆五遍行　界地随他业力生
> 二乘不了因迷执　由此能兴论主诤

藏识非但不能造作善恶二业，且不与染法相应，故其业性惟是无覆无记。其相应心所，只有五个遍行心所而已。

此以是众生果报之体，故遍行于三界九地。而随他前六识造业之力，相应趣生，轮转无休。

然声闻缘觉二乘圣人，但知六识，不了更有藏识。都因小乘经中，非显露说，二乘迷于佛旨，故执为并无此识。

由此之故，能兴大乘论主广引圣教，备显正理，与之诤辩。如《成唯识论》中所载者，非得已也。

浩浩三藏不可穷　　渊深七浪境为风

受熏持种根身器　　去后来先作主公

此识之为藏也，浩浩乎深广矣哉！一具诸法种子，持而不失，是能藏义。受诸识所熏，随熏成种，是所藏义。此识之见分为第七识所执，认以为我，是我爱执藏义。因此识体义具三藏，持种受熏执以为我，令无边有情，无始相续，甚深广大而不可穷诘也。

藏识渊深不可穷尽，喻之如海，此识海中，以前七转识为其波浪。此波浪之起，即以其所缘之境触荡为风。风浪互为因果，相续生灭。致此识海，弥失其湛寂之相，而愈形其鼓荡之态矣。

此识之在有情界也，受前七识缘境造业之所熏习，而成心色二法种子。即执持此诸种子，从过去位运至未来位，一俟成熟，即现作正报之根身依报之器界。此根身与器界，亦为此识所执受而为其相分也。

此识既有执受根身器界之功能，故有情之死，其去也独后，有情之生，其来也独先。谓三界有情，以此识作主人公，不信然乎！

不动地前才舍藏　　金刚道后异熟空

大圆无垢同时发　　普照十方尘刹中

藏识转智，亦以末那转智为衡。菩萨在第八不动地前，末那第二位转智，断我执种子，则此识不复为末那执以为我，而才始舍去执藏之义。此为第一位转智，能令有情不受分段生死也。

至菩萨十地后，等觉位中，金刚道后心，即入如来地时，末那究竟转智，而藏识以之异熟果相亦空，此为第二位转智，能令有情不受变易生死也。

如来地藏识究竟转智，名为大圆镜。此识之因相一切种子，尽成无漏，故名为无垢识。此无垢识成就，同时即为大圆镜智依之而发，此为第三位转智之相也。

藏识中因具有漏种子，故为生死有情之本。今无垢识漏种已尽，惟是无量功德之藏，即为诸佛法身。而大圆镜智常寂之光，普照十方世界极微尘数佛刹之中恒现报化二身，尽未来际度脱众生也。

附:《法相学课本》序

范古农居士

我佛教言不出境行果三,果成于行,行依于境。境也者,一切事理,所谓万法也。

佛说五蕴十二处十八界,此三科者总赅万法而无遗,乃众生之所迷、诸圣之所觉。故佛教言必先乎是,而学佛者亦先乎是也。

然蕴界处乃详略之异,亦局遍之殊,一论一切论也。蕴缺无为法而局于有为法,处界摄无为法于法处法界,故与百法相同。

蕴处界乃大小乘之共法,而百法则唯大乘。今《五蕴论》依《百法论》解,故又名为大乘。

何以故?唯识是大乘义,蕴处界言识不揭阿赖耶,而摄在意处意界中,至大乘谈百法则揭阿赖耶,此为识本亦即法本。故《五蕴论》但言万法未及唯识,而《百法》乃显唯识。唯识显而又无我之理乃全彰,不若《蕴论》文但彰人无我,未彰法无我也。《百法》既显唯识,故继之以《唯识二十论》。

初期课本之集,旨在于是。

然读《五蕴论》者不可以无释，故举《广五蕴论》以释之，又以《广五蕴论》释文未足，复举《显扬论·五蕴章》以足之，且示玄义。至于《百法论》于显唯识外，但列名数，故复以《显扬论·五法章》以补之。

五法言一切事本，为染净法之所依，五法即五位法，后出三相，犹言二无我也。文相与《百法论》全同，亦师资之有渊源乎。五位法本于《瑜伽》大论，而真如有三，百法则约为一，故不名百法也。《瑜伽论》文太广，后当修学，故不复举之。《唯识二十论》但辨唯识理，所以调节读者心理而增长其兴趣也。

所愿学者勿抱滥览之念，切其熟研于心，于此数种外虽有参考书可备查阅，然不可喧宾夺主，置此课本不研而思乞灵于他书，恐正路之足未稳而歧途之易蹈尔。

读法之一

凡读佛书须备辞典，其有名词骤不能解者可一翻阅。如《大乘五蕴论》之大乘、薄伽梵，本论无解，可查辞典，如《佛学辞典》，或《法相辞典》。

读《五蕴论》时，以《广五蕴论》为对照，此有不解，彼或有解，如此言薄伽梵，彼则言佛，即知薄伽梵者即是佛之同实异名也。亦有此详彼略，如此举一二等数以显五义，彼略不举。此别别言云何地界等，彼则总略一言此复云何。又此无界字解释，彼则释之，以《广五蕴论》为释论之例也。凡此无彼有者，其文皆释论，即所以增广其文，故曰《广五蕴论》。本论为世亲造，《广五蕴论》为安慧造，师弟相承，固宜尔也。

《显扬圣教论》为无著菩萨所造。因《瑜伽》大论太广，故略其要义，诱导学者，自成文体，有颂有论，颂以举纲，论以张目，极有条理。今《五蕴义章》亦是释义之文，故可为《五蕴论》之批注。显七义中义极善巧，又复略举不全，此可不必急究，容俟读《显扬论》时再究。良以《五蕴》二论但陈其事，未说其义，故节录之，广读者对于《五蕴》增加研究兴趣。

读《百法论》时，先将本论读熟，再读《显扬论·五法章》，本论原但略录名数，广释则在《瑜伽》大论，略释则即《五法章》，故举以为释论也。然则法相虽略录名数，而于唯识意义则在次第数句及二无我文，此异于《蕴论》者最宜注意。盖百法皆依他起性，我执是遍计执性，无我即是圆成实性。《五法章》后又说三相义即三性，即二无我而通达唯识义也，应知。

读《唯识二十论》，先读《欧阳序》及《述记科判》，使眉目清楚，然后读论，怡然理顺矣。论文甚辩，都是彼此破救之文，须细心味读，原有《述记》注释，如嫌词晦，可观王恩洋《二十唯识论疏》。总之读法相论文，能细心研读，知其有问有答，先总后别，先略后广，自然文义清晰，毫无难事。须知初学似格不相入者，以未习惯之故，若读熟后（多闻闻持）自然迎刃而解。读者须有忍耐功夫，故忍波罗蜜中有谛察法忍，即指此也。

读法之二

凡读法相佛典，须用纯洁的心，即是扫除一切成见，自己作无知无识的人。然后翻开书来，看一字读一句，如初识字，初读书，把它记在心中，一遍一遍地读到烂熟，然后依文解义。

佛典句义，因中文句读或不易清辨，故须看批注，明了其义，才能清晰。如《五蕴论》云："云何名为无表色等？谓有表业三摩地所生色等无见无对。"若看《广五蕴论》，便知是有表业所生色，三摩地所生色属于无见无对的色法也。故此二论，读时并看，有此略彼详之益。

佛典中用字，有性业、因果、能所等，皆对待为用。举一可以知二，即举此可以知彼。如云以为性，即有"以为业"相对，或省略之，此即《五蕴论》与《广五蕴论》之比较也。再如云所触，即有能触，能为主动，所为被动。大概心法为主动，亦为被动，色法唯是被动而非主动。然又可作似主动者乃助动，而非真主动。因果关系亦犹能所，如能生为因，所生为果；能造为因，所造为果。论云所触一分者，所触对能触而言，色法为所触，心法为能触。云所触者，别于心法中之触心所也，然身根虽是色法，亦有助动之用，故又是能触，触处为色法，故唯为所触也。云一分者，别于四大种之能造色，盖四大种亦是所触法，除此外指四大所造色乃是一分，故云一分也。此义虽见《杂集论述记》，然《广五蕴论》中云"已说七种造触及前四大十一种等"，可知论说十一种触法中，一分为所造触之七种，一分为能造触之四种，能细心读之，亦得了解耳。此等论所说色法心法等，应作科学书读，不可作议论小说读，盖所说即人生宇宙之原质，乃现实之根据。不同空泛寓言也。

世人对于万法亦有种种名词，但从世人妄想习气中流出，故但能为世法之业因，而不能为出世之业因。佛典中所有名词乃从大觉者净智法界中流出，故能为出世因，而非堕于世间也。故学者须将名词句义一一视为新知识而接受之，须用专门名词，而后可与科学家谈论。读佛经论（尤其是法相学）依文解义，方可契入，此文乃是佛法而非世文，故不可不依，若不依文，何能如法解义？读论烂熟，将佛法文义装满胸中，自然作意吐言皆是佛法，此即闻慧成就，乃学佛之初步资粮，乌可忽诸！

二千余年前世尊说法，亦借印度梵语或巴利语而说，我国佛典乃自古德依梵语译成华言，直接间接无非根据三藏结集，与亲闻十二分教，辗转传来，汇为巨观，故宜视为法藏而宝之。读华文经典如读梵文贝叶，如闻金口宣扬，法相诸论，虽是菩萨所说，亦是以佛语为宗，且亦从梵贝译出，渊源有自，不同世书及外道伪造者，郑重归依，信受奉行。

从《五蕴论》到《百法明门论》，再由《唯识二十论》到《唯识三十论》，如是次第研习唯识学的原典，是许多学习者采取的路径。今即依此，编排本书：

1. 将世亲菩萨《大乘五蕴论》与安慧菩萨《大乘广五蕴论》合编，使论文一一对应，便于比较。

2.《大乘百法明门论本地分略录名数解》，世亲菩萨造论，而窥基法师于《瑜伽师地论·本地分》"六百六十法中，提纲挈领，取此百法名件数目"。

3.《唯识二十论述记》，世亲菩萨造论，窥基法师述记；述记文前有△者，乃科判标识。

4. 世亲菩萨《唯识三十论》，而玄奘法师糅译印度十大论师释文而成的《成唯识论》未及收入。

除以上四部论外，本书还收入：

5.《六门教授习定论》，无著菩萨造颂，世亲菩萨释；吕澂先生非常重视本论，对无著的颂文有较详细的讲解，读者可翻看本丛书中的《吕澂唯识论著集》一书。

6. 陈那菩萨《观所缘缘论》。

7. 商羯罗主菩萨《因明入正理论》。

8. 玄奘法师《八识规矩颂》，另收入民国范古农居士的解。

本书最后收入范古农居士为其所编的《法相学课本》所作的"序"，此文对于初习唯识者极有帮助。

我
思

敢于运用你的理智

崇文书局·我思图书

唯识学丛书

徐梵澄系列著作

尼采自传（德译汉）

薄伽梵歌（梵译汉）

玄理参同（英译汉并疏释）

陆王学述（简体本）

老子臆解（繁体横排本）

薄伽梵歌（印度版影印）

孙波：徐梵澄传（修订版）

经典维新丛书

熊十力：新唯识论（批评本）

马一浮：泰和宜山会语 法数钩玄

汤用彤：汤用彤讲西方哲学

胡　适：说儒

国学到底是什么

阳明心学得失论

禅解儒道丛书

憨山大师：老子道德经解

憨山大师：庄子内篇注

蕅益大师：四书蕅益解

蕅益大师：周易禅解

马 一 浮：老子注

章 太 炎：齐物论释

杨 仁 山：经典发隐

欧阳竟无：孔学杂者

太古丛书

谭嗣同：揭乡愿与大盗——仁学

梁启超：国民自新之路——新民说

章太炎：学问与革命——章太炎文选

鲁　迅：解剖我自己——坟 热风